KB054007

같은 말이라도
마음 다치지 않게

같은 말이라도
마음 다치지 않게

임경미 지음

미래북
miraebook

말의 가시로 고슴도치가 되어버린 우리,

이대로 괜찮을까요

우리 주변에는 말이 가득하다. 말이 없으면 살기 어렵고, 말을 하지 못하고 사는 것도 그만큼 힘들어서 세상엔 언제나 말이 넘쳐난다. 하루에도 수백 마디의 말이 오가고, 하루에 수천 마디의 말이 마음속으로 들어온다. 네가 보낸 말들과 내가 만들어낸 말 어떤 것들은 흐르지 않고 한 곳에 고인다. 말은 양분이 되어 마음에 생각이라는 싹을 틔운다.

말은 다양하다. "사랑해, 최고야, 보고 싶어, 나는 널 믿어." 어떤 말은 내 곁에 머물며 사랑의 따뜻함과 자유로움과 다시 힘을 낼 수 있는 용기와 희망을 주지만, "네가 싫어, 널 저주해, 헤어지자, 그러면 그렇지" 같은 냉소를 담은 말은 마음에 생채기를 내고 의무를 지우고, 나를 억압하며 나를 잊게 만든다.

"할 수 있어. 최고가 되어야 해. 두려워하지 말고 도전해. 삶은 원래 힘든 거야."

이런 말들은 어떨까. 때로는 힘이 되지만 때로는 무리하게 만드는 말들. 이런 말들은 성격이 애매모호해서 무조건 좋다고 말할 수 없고, 무조건 나쁘다고 말할 수도 없다. 말의 안에서 살아가는 내가 어떻게 받아들이냐에 따라 달라지니까.

우리는 어떤 말들 속에서 살았을까. 다양한 상황을 통해 많은 사람을 만나며 들은 무수한 말들. 어떤 말들은 나를 위한 말이거나 도움이 될 것이라는 포장에 싸여 아무 저항 없이 내 마음속에 들어왔다.

"잘해야지. 잘 살아야지. 그렇게 하면 안 되지. 노력해야지. 사랑해야지. 솔직해야지. 부자가 되어야지. 엄마(아빠)처럼 살지 말아야지. 성공해야 해. 송충이는 솔잎만 먹어야 해. 이번 생은 이미 끝났어…."

내 마음속에는 이런 말들로 가득했다. "다 피가 되고 살이 되는 말이야." 그래서 내 마음속에 간직한 그 말들처럼 그대로 살면 되는 줄 알았다. 생각해보면 모두 불필요한 말은 아니었다. 이런 말들 덕분에 나는 여기까지 왔고, 지금 이런 모양을 갖추게 되었으니까.

어느덧 덕지덕지 붙은 말들에 가려 태초의 나는 점점 사라졌다. 세상의 말을 내 것으로 만들면서, 그들이 이제는 하지 않은 말을 내 말처럼 스스로에게 내뱉었다. 삶을 잘살기 위한 말이었고, 나를 위한 말이었으니까. 그런데 문득문득 말의 가시에 찔렸다. 내게 상처 주는 말들과 평소에는 아무렇지 않다가도 때때로 상처가 되는 말들이 자꾸 나를 찔렀다. 나는 자꾸 아팠고, 그럴 때마다 다른 모양의 내가 되고 싶었다.

말의 가시에 상처 입을 때마다 머릿속에 물음표가 생겼다. 내가 옳다고 믿고, 당연하다고 믿었던 말과 생각들, 그래야 한다고 생각했기에 했던 행동들. 이런 것들이 어느 순간 나를 부자연스럽게 만들었고, 필요 이상으로 노력하게 만들었고, 경험하지 않아도 되는 좌절을 경험하게 했고, 이런 순간을 마주하며 자존감마저 떨어트리며 행복을 불행으로 둔갑시켰다.

마음에 박힌 말의 가시로 고슴도치가 되어버리고 나서야, 나를 괴롭히는 말로 나뿐이 아니라 남을 괴롭히고 있는 나를 직시하고 나서야, 마음에 박힌 말의 가시를 하나하나 떼어내기 시작했다. 이 말이 옳은 말인지 의심해보고, 정말 나를 위한 말이었는지 살펴보고, 굳이 왜 그런 말을 따라야 하는 건지 질문을 던지면서 말이다.

내 마음속에 가득한 말들은, 진짜 내 생각도, 내가 꼭 간직해야만 했던 말도 아니었다. 그것들이 삶의 지혜이고 진리여도, 나를 위해 하는 말이었어도 나를 괴롭게 만든다면 나를 위한 말은 아닌 것이었다. 이제야 말의 가시를 빼내고 상처 입은 마음에 연고를 바르고 다시 새살이 날 수 있도록 보송한 말들을 내게, 그리고 당신에게 전한다.

말의 가시에 찔려 자꾸만 마음이 아프고, 삶이 힘들고, 내가 미워지고, 행복이 뭔지 모르게 된 우리, 이제 그만 말로부터 자유로워지자. 우리에겐 잘못이 없다. 조금 더 삶을 사랑했기에, 나보다 타인을 더 위했기에, 더 좋은 사람이 되고 싶었기에 그랬을 뿐. 아픈 우리, 우리는 단지 말로부터 나를 지키는 방법을 몰랐을 뿐이고, 나를 위하는 말을 해주지 못했을 뿐이다.

어깨가 축 처져 돌아온 날 밤, 오늘 하루도 고생 많았다는 위로가 듣고 싶을 때, 더는 나를 미워하고 싶지 않을 때 당신을 위해 준비한 말들이 당신의 아픈 마음을 어루만져 줄 것이다.

그리고 알게 될 것이다. 어떻게 하면 나를 사랑할 수 있을지, 나를 사랑하면 내 삶도 사랑할 수 있을 것이라는 것을, 나는 앞으로 더욱 행복해질 거라는 것을.

"세상에는 나를 살리는 말들이 많다.
따뜻하고 보드랍고 사랑 가득한 말들이."

목차

Part 1   나에게만 엄격한 나에게,

"괜찮아, 내 맘은 내 거니까"

Part 4 　사랑이 시험인 그대에게,

"삶은 언제나 내 편이었다"

나에게만 엄격한 나에게,

"괜찮아, 내 맘은 내 거니까"

상처 입은 마음에 연고를 발라야지

'나'라는 존재를 인식하지 않고 살았던 때가 있었다. 감정과 생각을 쏟아내며 일기를 쓰던 시간을 바쁘고 피곤하다는 이유로 가지지 못했고, 돈을 벌어야 한다는 핑계로 좋아하는 것보다 해야 하는 일을 하며 보내는 날이 더 많았다. 책을 읽는 여유도, 사람들과 속 깊은 대화를 나누는 시간도 없이 하루하루를 보냈다.

인생이란 게 다 그런 거 아닌가. 말을 하는 시간보다 말을 듣는 시간이 더 많은 것, 하고 싶은 말이 아닌 상대가 원하는 말을 해야 하는 것, 일은 잘하는 것, 원만한 관계를 유지하는 것, 무엇을 하든 잘하는 것, 그래서 실패하지 않는 것. 이런 게 인생이라면, 인생 참 살기 퍽퍽한 것이구나. 이런 세상에서 자존감을 지키며 자유롭게 살기란 너무 어려운 일이었다.

언젠가 유난히 힘들어 괴로웠던 날, 고민에 빠져 있는 나에게 "인생이 다 괴로운 거야. 사회생활이 다 그런 거지"라는 말이 들어왔다. 다들 괴로운 인생을 잘 버티며 살고 있는데, 나는 왜 좌절하는 걸까. 그래, 나약한 생각하지 말고 힘내자! 이렇게 나를 다독이며 힘내라고, 할 수 있다고 다그쳤다.

하지만 그것이 끝이 아니었다. 세상엔 인생이 다 그런 거라는 말로 따라야 하는 것들이 너무 많았다. 그래야 한다고 내세웠던 나만의 기준들, 사회인이기에 따르길 강요당하는 암묵적인 규범들, 인간이기에 가져야 하는 가족 구성원으로서, 친구로서, 사람으로서의 도리들. 모두 내 행동과 생각을 억압하고 통제하는 수많은 생각이었다.

이것들을 당연하게 받아들이며 살수록 상처 입는 순간들이 많아졌고, 상처를 제대로 보살펴 주지 않아서 어느덧 마음이 여기저기 상처 입고 곪아 터져 너덜너덜해졌다. 당연한 거라는 말로 아픈 내 마음을 돌아보지 못하고 자꾸 생채기를 내다가 나를 지킬 수 없게 되고, 나를 믿을 수 없게 되고, 나를 사랑할 수 없게 된 것이다. 나의 자존감은 계속 사라졌다.

누구에게나 자존감이 있다. 사람마다 정도가 다를 뿐 '나'라는 존재를 지키는 방법으로 자존감과 자존심을 갖길 선택한다. 강하고, 자신만만하고, 두려움 없고, 나를 사랑하는 사람. 이런 사람이면 자존감이 높은 사람이 아닐까. 이런 사람을 만나면 반갑고 부럽다. 자신에 대해 느끼는 당당함과 여유로움이 어떤 시련이 와도 나를 지켜주는 힘이 되고 자책하지 않도록 하기 때문이다. 하지만 내가 부러워했던 그런 사람도 자존감이 매번 높은 것은 아니었다고 고백했다. 언제나 자존감이 높아 보였던 그에게 자존감 침체기가 있었고 그것을 극복하기 위한 노력을 했다고 말했다.

생각해보면 나도 그럴 때가 있었다. 나의 자존감은 우상향하는 그래프였다가, 성인이 되고 직장인이 되면서부터 밑으로 곤두박질쳤다. 조금씩 변하기 시작한 내가 어느 순간이 되었을 때는 추락하는 힘을 이기지 못하고 중력에 의해 강하게 끌어당겨지듯 그렇게 나의 자존감은 무너져내렸다.

흔히 하는 실수가 있다. 내가 이미 가진 것, 내가 잘하는 것을 자존감의 근원으로 하는 실수 하나. 이 실수를 하게 되면 내 기준보다 잘하지 못하는 나를 마주했을 때 자신에게 실망하게 되고, 자기만족이 떨어지게 된다. 그리고 실망이 계속되면 자존감이 낮아진다.

두 번째 실수는 바로, 잘못된 생각과 잘못된 방식으로 살아가면서 그것이 틀린 것인지 모르고 자신에게 찾아온 변화 또한 알아차리지 못하는 것이다. 내가 어떤 사람인지 알지 못하니 무엇이 나에게 필요한지 모르고, 습관대로 생각하고 행동하면서 점점 변하는 나를 제대로 대해주지 못하는 것이다. 마침내 내 진짜 생각과 이미 굳어진 가짜 생각들이 부딪힌다. 자존감이 이미 낮아질 대로 낮아진 자신을 마주하면서 말이다. 결국 '인생이 다 그런 거야'라는 말로 자꾸만 나를 억압하고 내 마음의 소리를 묵살하는 것은 정말 나를 위한 일이 아니었던 것이다.

국립발레단에서 단장 겸 예술감독으로 활동하고 있는 발레리나 강수진 씨가 한 TV 프로그램에 나와 들려준 일화가 있다. 다리를 다쳐 오랫동안 누워 생활하는 동안 연습을 하지 못했는데, 시간이 지나니 근육들이 무너져 다시 복구하는 데 많은 시간과 노력을 들였다는 이야기. 치료하는 동안 오랜 시간 몸에 밴 동작들과 그로 인해 자리 잡은 근육까지 잃어버렸고, 발레의 기본 동작조차 하기 힘들었던 정도에서 원래의 수준으로 돌아오기 위해 재활을 하며 엄청난 노력을 들였다고 한다.

돌보지 않으면 사라지는 것들. 이런 것들은 비일비재하고, 일상에서도 종종 이런 일을 겪는다. 헬스장에 다니며 멋진 근육을 만들었는데 운동을 한 며칠 멈추면 단단하게 자리 잡았던 근육이 사라지고, 그렇게 시간이 더 지나면 군살이 붙어 예전의 모습이 사라지는 경험 같은 것들. 웬만한 실력까지 배워놓은 외국어 역시 꾸준히 쓰지 않으면 점점 그 실력이 줄어들지 않던가. 그래서 무엇이든 유지하기 위해서는 꾸준히 노력해야 하고, 더 발전시키기 위해서는 그보다 더 많은 노력이 필요하다.

자존감도 그렇다. 닦지 않으면 뿌예지는 거울처럼, 오랫동안 내 마음을 돌보지 않고 단련하지 않으면 무너져 내리고 약해진다. 내가 어떤 모습이어도 나를 사랑하고, 사랑하는 나와 행복하게 잘 살기 위해서는 자존감을 갖는 것뿐만 아니라 자존감을 높이는 일도, 자존감이 무너지지 않게 꾸준히 돌보는 일도 중요하다.

더는 세상 사는 게 다 이런 거라는 말을 신봉하며 내 방식이 아닌 세상의 방식대로 살지 않길 바란다. 바쁠 때일수록 잠시 멈추고, 이게 맞다고 하더라도 의심해보고, 남들이 다 그렇게 해서가 아니라 내가 하고 싶은 일을 하고, 어쩌다 그렇게 하지 못했을 때는 내 마음이 괜찮은지 물어보는, 나답게 살기를 선택해야 한다. 그것이 상처 입은 마음에 연고를 바르는 일이고, 나의 자존감을 지키고 자신감을 가질 수 있는 방법이다.

"상처 입은 마음에 연고를 발라주세요.
진짜 내 마음의 이야기를 들어주세요.
내 마음이 세상의 마음보다 더 소중하니까요."

잘할 수 있다는 자신감 따위야…

회사에 다닐 때, 부장님 앞에서 갈대처럼 픽픽 쓰러지는 충성 축구만큼이나 싫어했던 것은 매년 가을이면 열리는 마라톤대회에 참가하는 것이었다. 타의 90%의 압박에 못 이겨 신청한 마라톤대회를 위해 하천가를 달리는 연습을 하는 날이면 조기 퇴근의 기쁨보다, 원치 않는 운동을 해야 하는 고통이 더 컸다.

나는 마라톤이며, 마라톤 연습이며 모든 것이 싫었다. 땀에 젖은 옷을 입고 퇴근을 하기도, 옷만 갈아입고 퇴근하기도 찝찝한 그 상황도 싫었다. 그래서 매주 월요일 연습 시간이 되면 뛰다가 걷다가를 반복하며 땀 배출을 자제하고는 했다. 그러나 내가 연습을 하지 않았어도, 그때가 오길 바라지 않았어도 피하고 싶었던 마라톤대회 날이 기어코 오고 말았다.

새벽같이 출발해 도착한 행사장에서 어떻게 이 위기의 순간을 잘 헤쳐나갈 수 있을지 고민하던 내게 동기 한 명이 찾아와서는 함께 달릴 것을 제안했다. 아뿔싸. 몇 번의 거절과 설득의 과정이 오가고, 결국 나는 동기와 함께 출발선에 대기하며 출발 총성이 울리길 기다렸다. 그땐 몰랐다. 그것이 1시간이 넘는 긴 레이스의 서막일 줄은.

한 번도 시도해보지 않았고, 성공해보지도 못했던 10km 마라톤. 누군가에게는 단순한 운동 수준이었겠지만 나에게는 절체절명의 위기이자 고난이자 시험이었다. 과연 내가 결승점에 들어갈 수 있을까. 솔직히 나는 자신이 없었고 귀찮고 두려웠다. 페이디피데스(기원전 490년 아테네 마라톤 평원에서 벌어진 그리스-페르시아의 전투에서 그리스의 승전 소식을 알리기 위해 달린 전령)처럼 막중한 임무를 가진 것도 아니고, 그 끝에 어마어마한 보상이 있는 것도 아닌데 왜 달려야 하는 거냐고, 나는 투덜거렸다.

학생일 때는 마르고 왜소했던 체격 덕분이었는지 달리기에 제법 소질이 있는 아이였다. 운동회 때마다 결승 테이프를 끊는 순간이 주는 희열은 감동 그 자체였다. 내가 무언가를 잘하고, 내가 잘하는 것에 사람들이 환호하는 그 순간의 짜릿함이란. 그때 학교를 벗어나 더 큰 대회를 나갈 기회가 생겼다. 학교를 대표해 출전할 선수를 뽑는 최종 라운드에서 나는 1등으로 결승선을 통과했다. 그래서 그 후 결과는 어떻게 되었을까. 어이없게도 출전 자격 미달, 다시 말해 실격이었다.

'달리기는 나를 따라올 사람은 없을걸?'이라는 자신감, 혹은 이쯤이야 하는 자만심이 눈앞의 트랙을 지워버린 것이었을까. 어쩌면 잘해야 한다는 압박감이나 낯선 경험에 의한 미숙함이 원인이었을지도 모른다. 어쨌든 나는 정해진 코스보다 긴 거리를 달리고도 1등을 했지만, 경로를 이탈한 죄목(?)으로 실격되었다. 그 이후 달리기도 내 인생에서 경로를 이탈한 그곳에 머물러 있었다.

여하튼 그렇게 육상 꿈나무의 꿈은 바스러졌다. 아픔이라고 말하기 뭐한 이런 아픔이 있는 나에게 10km 마라톤이라니. 그것도 하고 싶어서가 아닌 타의 90%의 충성 마라톤이라니. 아, 그런데 하필 같이 달리자는 사람마저 나타나 버렸으니 진퇴양난의 상황에 빠지게 되었다. 그러나 어찌됐든, 달리기 위해 이곳에 왔으니 마음을 고쳐먹고 달리기로 했다.

'잘 뛸 자신은 없지만 그래도 끝까지 뛰어보자!'

그렇게 시작한 10km 달리기는 1시간이 넘어서야 끝이 났다. 그 시간 동안 괜히 했다는 후회와 한번 해보자 하는 결심을 반복하면서, 그 양가감정 사이를 신나게 뛰어다니며 10km를 조금씩 줄여나갔다.

드디어 결승선. 함께 달린 동기의 페이스 조절 덕분에 내 인생 처음이자 마지막의 10km 마라톤을 완주했다. 싸구려 완주 메달이었지만, 그것을 받아든 순간, 뿌듯한 마음이 들어 '어찌면 내년 마라톤대회도 출전할 수 있지 않을까' 하는 방정맞은 생각을 아주 잠깐 하기도 하면서. 쉽게 시작할 수 없었던 마음의 벽은 한 번의 경험으로 간단히 무너져 버리고, 한편으로는 자신감마저 생겼다.

나에게 '자신감'이란 무엇이었을까. 한자 그대로 뜻을 풀이해보면 '자기를 믿는 마음'인데, 그렇다면 나는 어떤 순간에, 어떤 나를 믿었을까. 믿음이라는 것은 언제나 그럴만한 증거가 필요했고, 믿을 이유가 충분하지 않으면 생겼다가도 쉽게 사라져 버리는 것 아니었던가. 그래서 성공의 기억을 혹은 좋았던 결과를 혹은 그럴싸한 성적을 믿음의 근거로 삼아 나를 믿거나 나를 믿지 못하거나를 반복했더랬다. 그런 얄팍한 믿음 속에서 때론 나는 할 수 없다고 미리 포기하고, 어떨 때는 의기양양하며 용기를 내곤 했다. 내가 잘한다고 생각하는 것에 자신감을 느끼고 있었기에, 해보지 않은 것, 혹은 남들보다 뛰어나지 않은 것은 해낼 수 있을 것이라는 생각을 하지 못했다.

1등만 기억하는 더러운 세상이라고 욕하면서도 최고가 되고 싶었고, 뛰어난 사람이 되고 싶었고, 남들보다 빠르게 결승선에 도달하기를 바랐기에 잘하는 것만 의미 있다고 생각했고, 잘할 수 있다는 자신감을 자신감이라고 믿어왔다. 하지만 우리의 삶이 올림픽 경기던가. 아니, 그건 아니다. 우리는 살기 위해 세상에 왔지, 경기를 하기 위해 세상에 온 게 아니다. 그러니 1등으로 들어오지 않아도 상관없다. 남들은 45분 만에 뛰는 10km를

1시간 동안 달려서 도착해도 상관없는 것이 인생이다.

누군가의 말처럼 '행복은 성적순이 아니'고, '1등만 기억하는 더러운 세상'은 더더욱 아니다. 아니, 그렇지 않다면 지금부터라도 조금씩 그렇게 되길 바란다. 이미 많은 사람이 지나간 길을 느리게 달렸던 그날의 기억을 떠올리며 진짜 자신감이 뭔지 되돌아본다. 내 페이스대로 삶을 살며 성취하는 인생의 진정한 묘미를 누리기 위해 필요한 자신감은 '잘할 수 있다'는 자신감이 아닌, '해낼 수 있다'는 자신감이다. 어렵고 낯설고 두려워도 나아가길 선택할 수 있는 그런 자신감이 나에게도 당신에게도 있었으면 좋겠다.

"잘하지 않아도 괜찮습니다.
계획한 대로, 내가 뜻한 대로
나만의 속도로 나아가 달성하면
그걸로 이미 충분하니까요.
'잘할 수 있다'는 자신감이 아닌
'해낼 수 있다'는 자신감을 가지고 사는 우리가 되길."

떫은 감은 단감이 아니다

가을철 시장에 가면 검정 그물망 안에 옹기종기 모여있는 주황색 과일을 흔히 볼 수 있다. 바로 단감이다. 그런데 개중 요상한 녀석이 한둘 섞여 있다. 한 입 베어 무는 순간, 혓바닥을 마비시키는 것 같은 강력한 떫은맛을 가진 녀석들. 어떤 감은 푸르딩딩해도 달콤한데, 어떤 감은 잘 익은 주황색임에도 느닷없이 떫은맛으로 미각을 공격한다. 방심하다 맛보는 떫은맛이란 결코 좋아할 수 없는 강력한 시련이었다.

달콤한 감을 먹길 기대했다가 떫은맛의 공격을 받는 것처럼, 달콤하길 바라는 인생에도 가끔 쓴맛이 찾아온다. 다행인 것은 인생에 쓴맛이 가득해도, 사람들은 누구나 회복탄력성을 가지고 있어 이를 극복하며 산다는 것이다. 그런데 또 세상의 이치가 호락호락하지 않아서 모든 사람에게 동일한 정도의 회복탄력성을 주지 않고, 동일한 강도의 고통을 주지도 않는다. 그래서 이런 시기가 찾아왔을 때 누군가는 시련 앞에서 두려워하는가 하면, 누군가는 마치 재미난 수학 문제라도 만난 것처럼 전투력을 발휘하기도 한다. 그중에서도 나는 회복탄력성이 높은 사람들이 부러워서, 힘든 일을 만날 때면 그들이 하는 것처럼 따라 하고는 했다. 노력하면 그들처럼 될 수 있다고 믿었다.

그것 아는가? 우리나라에 '떫은감협회'가 있단다. 어디까지나 내 추측이지만 떫은감협회는, 감이 달지 않고 떫어서 소비자에게 외면받는 현실을 인식한 데서 출발했을 테다. 떫은감협회의 메시지는 명확하다. 떫은 감은 단감과는 다릅니다. 떫은 감은 홍시나 곶감이 되었을 때 먹는 감입니다. 홍시가 되면 떫은맛이 사라지고, 단맛은 더 강해집니다. 떫은 감이 단감 같지 않다고 외면하지 말고, 떫은 감이 더 맛있어지도록 시간을 주세요. 떫은 감을 떫은 감의 방식대로 즐겨주세요.

나에게는 떫은 감을 홍시로 만들어 먹은 기억은 없지만, 단감을 홍시로 만들려고 했던 기억은 있다. 냉장고에 오랜 시간 보관되어 김치 다음으로 오래 묵힌 단감을 두고, 저렇게 두면 언젠가 홍시가 되지 않을까 했다. 그런데 단감은 물컹해질 뿐 흐물흐물 흘러내리는 달달한 홍시가 되지는 않았다.

떫은 감과 단감의 차이를 몰라서 한 실수였다. 이런 실수가 뭐, 과일을 먹을 때만 생기는 것이던가. 내 체력이 어느 정도인지 모른 채 야근을 일삼고, 내 능력을 잘 몰라서 무리하거나 일을 시작하기 전에 겁을 내기도 했다. 누구는 아무렇지 않게 넘어가는 일에 화내면서 '나는 왜 마음 그릇이 작을까' 비난하고 남들처럼 괜찮은 척, 아무렇지 않은 척, 뒤끝 없는 척했다. 회복탄력성이 높은 타인을 보며 나도 그렇게 되기 위해 꾸몄던 것이다.

하지만 떫은 감과 단감이 다르듯 너와 내가 다르고, 떫은 감과 단감의 먹는 방법이 다르듯 나를 지키는 나만의 방법이 있는 것이다. 이미 너는 너고, 나는 나이기에, 자꾸 너와 나를 비교하며 같아지려, 비슷해지려 노력할 필요가 없다.

나는 떫은 감이고 너는 단감이라면, 우리의 차이는 그 어떤 것으로도 극복할 수 없는 것이었다. '나는 왜 떫지? 나는 왜 계속 딱딱하지?' 하면서 서로를 부러워할 필요가 없었다.

회복탄력성이 유난히 낮은 내가, 회복탄력성이 높은 누군가를 따라 하려는 것은, 그렇기에 불가능하거나 매우 어려운 일이다. 그것이 쉽게 가능하다면 떫은맛을 인내하며 먹거나 딱딱함을 물컹하다고 착각하면서 먹어야 한다. 다시 말해 나답지 않게 행동하며 무리하고 있음을 감내해야 하는 것이다. 멈칫하게 만드는 순간, 상처 입은 순간, 괜찮은 누군가를 보며, 혹은 남들의 방법을 따라 하며 저렇게 하면 나도 괜찮아질 것이라고 생각하는 것은 나를 착각하는 것이고, 괜찮지 않은 내 마음을 외면하면서 어서 빨리 용기 내라고 다그치는 것이다. 회복탄력성이 그다지 높지 않은 내게 그 순간 필요했던 것은 회복탄력성이 높은 누군가의 방법대로 따라 하는 것이 아니라, 나를 지킬 수 있는 나만의 방법으로 나를 대하는 것이었다.

물론 회복탄력성이 크면 좋겠다. 그래서 상처 입고 두려운 순간에 훌훌 털고 일어날 수 있었으면 좋겠다. 그런데 그렇게 되려면 우선 전제되어야 할 것이 있다. 바로 나를 인정하는 것. 내가 어떤 사람인지 아는 것이다.

내 회복탄력성이 강한지 약한지, 특히 어떤 부분에서 강하고 어느 부분에서 취약한지, 나를 약하게 하는 것은 혹은 강하게 하는 것은 무엇인지, 보완할 수 있는 방법은 무엇인지를 알아야 한다. 그래야 나다운 회복탄력성을 높일 수 있다. 내가 떫은 감이라면 곶감이나 홍시가 되기 위한 과정을, 단감이라면 맛있는 단감이 되기 위한 과정을 거치는 것이다. 떫은 감이면 떫은 감답게, 단감이면 단감답게 즐기듯, 나의 회복탄력성도, 너의 회복탄력성도, 나는 나답게, 너는 너답게 키워가자. 자신에게 가장 도움이 되는 방법으로 말이다.

"당신의 힘을 믿어보세요.
취약하고 부족해 보여도
강하고 충분한 부분이 분명 있으니까요."

실수투성이 내가 더 사랑스럽다

어느 날 한 방송 프로그램에 나온 기상청 직원은 기상청의 체육대회 날에도 비가 내린 적이 있다고 했다. 우리가 살아가는 모습이 너무나 닮았다. 해보려고 노력했지만 되지 않거나, 잘하려고 노력했지만 생각만큼 하지 못하는 것. 데이터를 잘 분석해서 일기 예보를 했지만, 최선을 다했음에도 불구하고 예보가 틀릴 수 있는 것처럼, 인생의 어느 부분도 최선을 다했음에도 불구하고 틀어질 수 있는 것이다. 그것이 내 실수일 수도 있고, 상황에 변수가 생겨 어쩔 수 없이 그렇게 될 수도 있다.

새로운 부서로 발령을 받은 후배가 전화를 걸어왔다. 까다롭기로 유명한 고객을 상대해야 하는데 자신이 매끄럽게 대응하지 못해서 문제가 생겼고, 이를 해결하기 위해 다른 직원들까지 동원하는 바람에 폐를 끼쳤다는 것이다.

후배는 자신의 미숙함과 그로 인해 직장 동료들이 겪어야 하는 수고로움에 죄책감을 느끼고 있었다. 하지만 나는 후배의 성격을 알고 있었다. 언제나 플러스 알파를 해놓고도 문제가 생기면 거기서 더 하지 못했던 것을 후회하고, 그 작은 실수나 아쉬움을 크게 트집 잡아 자기를 다그치고는 했다. 그 모습은 이미 완벽하게 만들어놓은 조각상을 0.001mm 더 깎아내는 듯했고, 인부들이 이동하다가 넘어트린 것을 자신 때문이라고 책망하는 듯했고, '이 조각상 별로네'라고 평가하는 관람객의 한 마디를 진리처럼 받아들이는 듯했다.

"제가 완벽하게 준비했어야 했는데…. 매끄럽게 처리 못 한 건 명백한 제 잘못이에요. 제가 실수를 했으니 결국 모든 원인은 저예요."

실수를 하면, 문제가 생기면 가장 먼저 하는 게 자기 책망과 자기 비하일 때가 있다. 완벽하지 못해서, 꼼꼼하지 못해서 실수한 거라고, 내 능력이 부족해서 남들은 할 수 있었던 것을 못 한 거라고 자신을 욕하고 원망하는 것이다. '완벽해야 해. 잘해야 해.' 이런 생각이 자꾸만 그렇게 행동하게 만든다.

하지만 정말 그럴까. 세상에 완벽한 것이 있을까. 발생 가능성이 있는 변수들을 미리 다 알고 대응할 수 있을까. 문제라고 생각되는 상황은 왜 발생하는 것일까. 정말 내가 혼자 만드는 것일까. 그것을 문제라고 인식한 또 다른 사람이 있었기 때문에 문제가 발생한 것은 아니었을까. 그럼에도 여전히 내 뜻대로 풀리지 않는 것들을 앞에 두고 나는 왜 이렇게 바보 같은지, 왜 제대로 하지 못하는지 자책하고 있을 또 다른 나와 후배를 닮은 당신에게 이런 바보 같음이야말로 인간의 특권이라고 말해주고 싶다. 아니, 그것은 인간에게 주어진 선물이라고 말해주고 싶다. 그러니 이런 바보 같음을 책망하며 자신을 괴롭히는 일을 그만하자고 말해주고 싶다.

인간미.

누군가는 이 말의 뜻을 따뜻한 심정을 가지고 있어 남을 돕고 남을 위해 베푸는 것으로 정의하겠지만, 나는 이 말에 좌충우돌하고 우왕좌왕하면서 살아간다는 의미를 추가하고 싶다. 한 치의 실수도 용납하지 않고, 매사에 틀에 박힌 듯 정확한 사람에게 인간미가 넘친다고 말하지는 않으니까.

인간미 가득한 인간이기에 때론 실수하고, 일기 예보도 가끔은 틀리는 것 아니겠는가. 물론 그렇기 때문에 마음껏 실수만 하라고 하는 것은 아니다. '그러니까 내가 못 한다고 했잖아!' 하며 실수 앞에서 큰소리치라는 말도 아니다. 실수 앞에서 자책하는 대신, 실수를 통해 배울 건 배우고, 실수를 만회할 방법을 찾아 더 나은 시도를 하면 되는 것이다. 기상청 직원만 해도 그렇다. 그는 이번에는 어쩔 수 없이 틀렸지만, 다음엔 틀리지 않기 위해, 틀릴 확률을 줄이기 위해 노력한다고 했다. 더 정확히 예보하기 위해 더 공부하고, 더 많이 분석한다는 것이다.

애당초 우리가 신이 아니니까 완벽할 수 없다. 내 다짐대로, 내 생각대로 모든 걸 해내는 그런 완벽한 인간이 있기나 할까. 설령 있다고 한들 그런 사람이 매력이 있을까. 한 치의 실수도 용납하지 않고 매사에 정확한 사람은 인간미가 아닌 로봇미가 흐르지 않던가.

나는, 조금 버벅거리고 실수하고 좌충우돌하는 인간이 더 매력적이고 사랑스럽다. 끊임없이 실수하지만, 그럼에도 불구하고 앞으로 나아가는 인간이 더 매력적이다. 비록 틀리고 실수하지만, 그것을 인정하고 극복하려는 노력이 이어지기에 실수투성이 인간이어도 아름답다.

이제 나에게 조금 더 여유로웠으면 좋겠다. 내 마음에 타이트하게 몸에 달라붙는 수트가 아닌, 품이 넉넉한 옷을 입혔으면 좋겠다. 그래서 내 팔과 다리가 자연스럽고 수월하게 움직일 수 있었으면 좋겠다. 그러면 나를 덜 엄격하게 대할 수 있지 않을까.

실수투성이 완벽하지 않기에 노력을 멈추지 않는 인간, 그렇기 때문에 나도, 당신도 사랑스럽다.

"한 치의 실수도 용납하지 않는 것보다 중요한 것은
실수 앞에서 포기하는 나를 용납하지 않는 것입니다.
포기하지 않는다면 분명 더 높게 도약할 수 있습니다."

내 가치는 내가 지킨다

언젠가 이런 질문을 받은 적이 있다.

"당신의 가치를 돈으로 환산한다면 얼마라고 생각해요?"질문을 받고 한참 고민하다 "글쎄요. 잘 모르겠어요"라고 대답했다. 질문의 의도가 무엇이었을까. 물어보지 않았으니 생각은 거기서 멈췄고, 그가 내 대답을 어떻게 이해했는지도 모른 채 우리는 다른 것으로 화제를 전환하며 대화를 이어갔다. 그 뒤 어떤 대화가 이어졌는지는 기억나지 않지만, 그날 저 질문이 다시 나를 찾아온 건 뚜렷이 기억난다. 나의 가치를 돈으로 환산한다라?

이 글을 읽는 당신에게 같은 질문을 하고 싶다. 당신의 가치는 어느 정도입니까.

어떤 대답이 나올까? 누군가는 (적어도 내 기준에는) 터무니없이 작은 것을 이야기할 것이고, 누군가는 큰 금액이지만 특정 숫자를 이야기할 것이고, 누군가는 그런 것을 측정할 수 없다는 답을 할 것이다. 어떻게 생각하든 자유겠지만, 처음 질문을 받았을 때 모르겠다고 대답한 내 마음속에는 이런 의문이 자리 잡고 있었다.

'정말 나의 가치를 돈으로 환산할 수 있을까.'

사람의 생각, 마음, 벌어들이는 수입, 아직 빛을 보진 못했지만 가지고 있는 능력. 존재가 가진 대부분은 값을 매길 수 없고, 정량화하지 못하기에 나의 가치를 돈으로 매길 수 있다는 발상 자체가 성립되지 못하는 것 아닐까.

아무리 생각해봐도 (그러니까 앞으로의 내 전망이나 꿈을 이룰 현실 가능성, 현재 상황 등을 고려해 냉정히 분석해봐도, 그래서 그 예상값이 천문학적인 수치가 아니어도) 존재의 가치는 돈으로 환산할 수 없다는 쪽에 마음이 더 기운다. 가치가 없어서가 아니라 가치를 알 수 없으며, 가치를 평가할 수 없기 때문에 그렇다.

그런데 또 너무도 쉽게 이 사실을 망각하고 산다. 이미 오랫동안, 우리에게 가치 있는 것이란, 명예로운 것, 부유한 것, 뛰어난 것. 이런 것들에게 주어졌으니까. 그래서 그렇지 못한 나는 '한낱 가치 없는 존재일 뿐'이라고 생각하며, 스스로 자신의 가치를 부정하고, 스스로 부정한 자신의 가치를 찾기 위해 새로운 가치를 부여받으려 노력한다. 능력 있음을 드러내려 하고, 사랑

받으려 하고, 인정받으려는 노력. 그리고 이런 노력들이 무너질 때, 사람들이 나를 함부로 대하는 것 같은 느낌이 들면 화가 나서 견딜 수 없고, 내 가치를 높이기 위해 온갖 화려한 것들로 치장을 하거나 능력 밖의 노력을 쏟는다.

잠시만 냉정하게 생각해보자. 정말 이런 것들로 나의 가치가 올라갈까? 온갖 화려한 것들로 나를 치장한다고 해서, 남들이 부러워하는 직업을 가지고 있다고 해서, 남들로부터 좋은 사람이라는 인정을 받는다고 해서, 사람들이 나를 정말 중요한 사람이라거나 능력 있는 사람이라고 인정해준다고 해서 나의 가치가 올라갈까?

내가 예쁘고 잘났으면, 부자이면, 인기가 많으면, 명예를 가지고 있으면 내 가치는 높은 것일까. 반대로 그렇지 않은 사람의 가치는 낮은 것일까.

흔히 성공한 사람들을 보면 그들을 인정하고, 그들의 가치를 높이 평가한다. 누군가와의 식사 한 끼가 수백, 수천만 원에 달해도 인기 있는 이유는 그의 1시간은 평범한 나의 1시간과는 다르고 그 시간 동안 오가는 대화의 내용이 평범한 나와 하는 1시간의 대화와는 다르기 때문일 것이다. 그러나 그렇다고 해서 누군가의 가치가 더 높고, 누군가의 가치는 더 낮은 것은 아니다. 성공한 사람이든, 뛰어난 사람이든 그저 그런 특징을 가지고 있을 뿐인 것이다. 누군가는 공부를 잘하는 특징을, 누군가는 돈을 잘 버는 특징을, 누군가는 글을 잘 쓰는 특징을, 누군가는 일머리가 좋은 특징을. 단지 그런 특징은 어느 시대에 더 인기 있고, 어떤 시대엔 더 인정받는 것이다. 어떤 특징은 그런 성질을 가지고 있는 것일 뿐, 그것이 존재의 가치를 올리는 것은 아니라고, 나는 생각한다. 따라서 사회적으로 인정받는 어떤 능력을 가지지 못했다고 해서, 남들보다 뛰어나지 못하다고 해서 가치가 낮은 것은 아니다.

나의 가치는 내가 가지고 있는 모든 것들, 혹은 나를 둘러싼 사람들의 평판으로 올라가지 않는다. 나의 가치는 스스로 어떻게 생각하느냐에 따라 달라지는 것이다. 수많은 부와 명예를 누리며 타인의 인정을 받는 사람도 스스로를 하찮게 생각하면 그 정도밖에 될 수 없는 것이고, 가진 것 없어도 스스로 귀하게 여기면 나의 가치는 높아진다.

뿐만 아니라 나의 가치는 상대의 가치를 깎아내린다고 해서 올라가지도 않는다. 바꿔 말하면 상대가 나를 욕하고 비난했다고 해서, 인정하지 않았다고 해서 나의 가치가 내려가는 것도 아니다. 나의 가치는 스스로 자신을 인정하지 않고 낮다고 생각할 때 비로소 낮아지는 것이다. 그렇기 때문에 누군가가 자신에 대해 험담을 했다고 불같이 화를 낼 필요도 없고, 모욕감을 느꼈다고 자존감에 상처를 받을 필요도 없다.

우리는 모두 매우 소중한 존재이다. 세상에 유일무이한 나는 그 이유만으로 함부로 할 수 없는 소중한 존재다. 하지만 이 사실은 그것을 받아들이지 않는 사람들에게는 아무런 효과가 없다. 오직 자신의 존재 가치를 믿고 알아주는 사람에게만 효과가 있다. 그러므로 이제는 자신의 가치를 스스로 인정해보자. 누가 뭐라 해도 나를 함부로 대하지 않고, 나를 의심하지 않고, 나를 우선으로 하는 태도. 그것이 나의 가치를 스스로 낮추지 않는 것이다.

"나를 존중하자. 나를 깎아내리지 말자.
지금의 나를, 비교 없이, 있는 그대로 인정해주자.
나를 함부로 대하는 관계가 있다면 거리를 두자.
그것이 값을 매길 수 없을 정도로 소중한 나를 대하는 방식이
다. 세상에 단 하나뿐인 당신은 정말 귀한 존재입니다."

걱정이 많아서 걱정이라고요?

"2000년 6월 28일 미리 예고됐었던 그들이 왔다. 더 이상, 아, 이제 더 이상 우리의 미랜 없는가."

20세기 말 가요계를 주름잡은, 그리고 내 마음까지도 사로잡았던 H.O.T.라는 남자 아이돌 그룹의 노래 〈늑대와 양〉은 2000년 6월 28일에 무언가 예상치 못했던 재난이 닥칠 것을 가정한 멤버 장우혁의 샤우팅 랩으로 시작한다.

20세기에서 21세기로 넘어갈 무렵, 세상은 시끌시끌했다. 이 노래의 랩까지 달달 외워 따라 부를 정도로 노래를 많이 들어서가 아니었다. 들어는 봤는가. 혹은 기억하는가. 그 시절 우리를 공포와 불안으로 안내했던 '밀레니엄 버그.'

괴담의 내용은 이러했다. 1999년 12월 31일 23시 59초에서

2000년으로 넘어갈 때 2000년의 00을 1900년의 00으로 인식하는 오류가 발생하면서 컴퓨터가 어쩌고저쩌고, 통신 장애가 어쩌고저쩌고, 금융 거래가 어쩌고저쩌고. 지금은 제대로 기억나지 않는 어쩌고저쩌고들의 연쇄작용 때문에 세계가 대혼란에 빠진다는 괴담이었다.

괜찮을 것이라는, 전문가들이 문제를 예상해서 잘 대응할 것이라는 누군가의 이성적인, 혹은 긍정적인 분석 따위는 귀에 들어오지 않았다. 그러면 다행이겠지만, 문제란 항상 예상할 수 없는 곳에서, 아주 사소한 균열로 시작되지 않던가. 그렇게 우려와 불신 속에서 속절없이 시계는 새로운 밀레니엄 시대를 향해 내달리고 있었다.

결국, 드디어 2000년. 아직도 생생하다. 2000년 1월 1일을 알리는 제야의 종소리가 울릴 때 가만히 눈알을 굴리며 TV는 제대로 나오는지, 전화는 되는지, 어디 문제가 발생한 것은 아닌지 살펴보았던 그 숨 막히는 3분 정도의 분주함을. 10분, 20분이 흐르고 세상이 문제없이 2000년을 맞이했구나 안심이 드는 순간 생각했다.

'그럼 그렇지. 전문가들이 손 놓고 있겠냐고! 다 쓸데없는 걱정이었어.'

그 시기를 경험하지 않은 사람들이야 이 무슨 허무맹랑한 소동이냐며 어이없다 하겠지만, 또 모를 일이다. 2099년에서 2100년을 지날 무렵에는 어떤 노스트라다무스가 나타나 무슨 예언을 하며 사람들을 혼란에 빠트릴지.

지금 생각해보면 제법 그럴싸한 걱정이지 않은가. 요즘도 가끔 통신사 서버에 문제가 생기면 예매해 놓은 기차표를 확인할 수 없고, 물건값을 결제할 수 없고, 도대체 무슨 일이 생긴 건지 뉴스를 볼 수도 없고, 지인과 가족은 안전한지 연락할 수도 없으니. 하물며 지금보다 기술이 발전하지 않은 상황에서 아는 것도 적은 아이였다. 공포는 무지와 타인의 말과 확신 사이를 반복하며 점점 진짜일 수도 있겠구나 하는 믿음으로 변신했다

한 보험회사에서 '걱정 인형'이라는 것은 모델로 광고를 한 적이 있었다. 당시 걱정 인형을 알리는 광고에서는 이렇게 말했던 기억이 난다. '걱정 인형은 인디언들이 걱정을 해결하기 위해 만들었는데, 걱정거리를 인형에 털어놓고 자면, 다음날 걱정이 모두 사라진다.' 머리맡에 두고 자면 걱정이 없어진다기에 어린 나는 그 인형이 너무나 가지고 싶었다.

나는 어렸을 때부터 걱정하는 데는 둘째가라면 서러울 정도로 걱정이 많은 사람이었다. 다리 밑을 지나갈 땐 다리가 무너지면 어쩌지, 풍선을 불 때는 풍선이 터지면 어쩌지, 자고 있는데 도둑이 들어오면 어쩌지, 북한이 남침해 오면 어쩌지, 백두산이 폭발하면 어쩌지, 약속 시간에 늦으면 어쩌지 하는 걱정들. 덧붙여 나는 왜 걱정이 많은 걸까 하는 걱정까지.

엄마는 조잘대며 걱정을 쏟아내는 내게 "뜨신 밥 먹고 무슨 쓸데없는 소리냐. 심심하면 소금이나 집어 먹어" 하시며 걱정

을 달고 사는 나를 나무라셨지만, 나의 걱정은 멈추지 않고 쉴 새 없이 찾아왔다.

게다가 걱정이라는 녀석은 또 얼마나 끈질기던가. 걱정은 언제나 연쇄작용을 한다. 그래서 하나의 걱정이 해결되면 다음 단계의 걱정이 생기고, 그 걱정도 해결되면 또다시 다음 단계의 걱정이 생긴다. 걱정은 그야말로 끝없이 이어진다.

뉴밀레니엄 시대를 맞이했을 때의 걱정 대소동도 그렇고, 일상적으로 나를 찾아왔던 수많은 걱정도 그렇고, 돌이켜 생각하면 왜 그렇게까지 걱정했을까 싶다. 결국 당시에는 제법 그럴싸했던 걱정도 훗날 돌아보면 쓸데없는 괴담에 불과한 것이다.

있을 법 하지만 생기지 않은 일, 생기면 고통스러울 테지만 실제로 발생하지는 않아서 고통스러운 적 없던 일, 걱정하는 것 빼고는 그다지 할 방법도 없는 그런 일. 이런 게 내가 걱정했던 것들의 실체였다. 게다가 걱정하는 것의 90%는 일어나지 않는 일이라고 하지 않던가. 설령 걱정이 발생했다 한들, 그나마도 걱정한 것과는 다르게 발생해버리면 완벽하게 대비할 수도 없지 않은가. 나는 이것을 경험으로 잘 알고 있으면서도, 그런 일들을 걱정이라는 이름으로 붙들어 놓고 자꾸 바라보고, 자꾸 생각하고, 자꾸 고민하며 걱정하는 자로서의 소임을 다하는 일상을 살고 있다.

어린 내가 가지고 싶었던 걱정 인형. 그 인형이 있었더라면 내 걱정의 양은 좀 줄어들었을까. 인형이 없어서는 아니겠지만,

나는 여전히 걱정의 한복판에 산다. 내 마음의 집 주변에는 걱정의 수로가 휘둘러 있어서 만일을 사태를 대비하며 항상 경계 태세를 하고 있는 감시병마냥 뜬 눈으로 감시를 하는 걱정 전담 세포가 있다.

언제쯤 이 걱정 전담 세포가 일을 조금만 하고 쉬게 될까. 한바탕 걱정하고 난 뒤, '휴, 별거 아니었네. 다행이야. 이제는 마음 놓이지?'라는 말로 나를 다독이다 보면 조금씩 걱정의 강도와 빈도가 줄어들까. 걱정하고 있는 내 마음이 안심할 수 있도록 끊임없이 방법을 생각해보고 계속 움직이다 보면 걱정했던 것이 해소될까. 아니면 '그래, 그게 걱정이었구나'라고 한바탕 신나게 맞장구 쳐주면 제풀에 지쳐서 그만하게 될까. 그러나 녀석도 많이 지쳤을 것이다. 걱정이라는 녀석은 언제나, 걱정하는 동안 많은 에너지와 감정을 빼앗아 가며 몸집을 키우다가, 걱정이 무의미했다는 걸 알게 되었을 땐 안도하며 김을 빼는 식으로 또다시 한번 에너지를 빼앗아 가니까. 남는 건 '다행이야' 하는 한숨이 전부였으니까.

이제야 '걱정 좀 하지 마'라는 윽박 대신, 걱정이라는 녀석을 마주한다. 내 마음속 걱정 전담 세포를 마주한다. 그리고 녀석을 가만히 들여다본다. 녀석은 그럴 수밖에 없도록 태어난 존재다. 지금보다 잘하고 싶은 마음, 잘 살고 싶은 마음, 상처받고 싶지 않은 마음, 안전하고 싶은 마음, 불확실한 것을 견디지 못하는 마음을 다 가지고 태어났으니까.

그래, 이런 너에게 걱정하는 건 하나도 좋을 게 없다고, 제발 좀 쓸데없는 걱정일랑 하지 말라고 윽박지르고 구박한다 한들 나아지지 않을 것이라는 걸 안다. 조금씩, 그리고 자주. 예측 불가능한 미지의 세상에서 공포에 휩싸이는 녀석을 마주해야겠다. 자꾸만 불확실한 세상에 머무는 시선을 확실한 지금으로 돌리고, 언젠가 해야 할지도 모르는 것을 탐구하는 정신을 지금 내가 집중해야 하는 것으로 돌리며, 조금씩 녀석이 안정감을 경험하도록 해주어야겠다.

"자꾸만 걱정하는 나를 걱정하지 않아도 돼요.
조금씩 안전하다는 걸 경험하고 나면,
뭐든 흘러갈 대로 흘러가고 있음을 경험하고 나면,
걱정도 점점 줄어들 테니까요."

노력한 나에게 묻고 싶은 말,
"네 마음은 어땠어?"

등산이 싫었다. 차오르는 숨과 말을 듣길 거부하는 허벅지를 달래며 올라가는 시간이 고통이었고, 수시로 변하는 기온은 냉탕과 온탕을 오가는 것 같았다. 정상에서의 기쁨은 언제나 그렇듯 짧디짧았다. 기껏 한두 시간 올랐더니 다시 하산. 눈에 뻔히 보이는 긴 고통 그러나 짧은 환희. 과정의 긴 고통과 결과의 짧은 기쁨 간의 격차는 등산을 멀리하기 충분한 이유였다.

사실 나는 등산이 싫은 것이 아니라 고통스러움이 싫었다. 인내해야 하는 그 순간이 견딜 수 없었다. '참아야 해. 이겨내야 해.' 이런 말로 나를 다그치며 인내의 순간을 스스로 부여하고 싶지 않았다. 게다가 무언가에 도전하는 일에는 언제나 고통이 따랐다. 미지의 세계를 알아가는 초행자에게 찾아오는 고통.

'잘할 수 있을까. 무사할 수 있을까. 이 길이 맞을까?' 그럼에도 믿고 나아가면 '성공할 수 있을까.' 두려움과 걱정은 무럭무럭 자라 초행자의 마음을 흔들었다. 새로운 길을 떠나는 설렘은 불안이라는 녀석에게 쉽게 잡아 먹혔다.

도전은, 거창하든 사소하든 언제나 쉽지 않은 것이었다. 그래서 나는 다 건너기도 전에 빨간 불로 바뀔 것이 걱정돼서 깜박거리는 신호등 초록 불을 보면 뛸 생각을 하지 않았다. 버스가 출발해버릴까 봐 걱정돼서 타야 하는 버스가 저 멀리 있으면 다음 버스를 기다렸다. 마음속에서 하고 싶은 것이 있어도, 내 생각만큼 이룰 수 없을까 봐 걱정돼서 쉽게 발을 떼지 못했다. 아니, 다 핑계였다. 도전이 고통스러워서 쉽지 않은 것이 아니었다. 나란 사람은 안정을 원했고, 내 체면이 중요했다. 실패와 좌절보다 무서웠던 것은 그로 인해 무너져 내릴 내 체면이었다. 새로운 것에 대한 도전은 사실 즐거움이었지만, 그로 인해 혹시 발생할지 모를 미지의 문제 상황, 그것이 두려워 몸을 사렸다. 버스를 놓치는 것보다 버스를 놓치고 나서 찾아오는 민망함이 더 싫었고, 하고 싶은 일의 성패보다 원하는 만큼 이루지 못했을 때 자책하고 자존심 상할 내 모습이 두려웠다.

애초에 아무것도 하지 않는다면 어느 것도 상처받지 않을 것이라는 생각에 안주하며 애써 내 마음을 포장하고 포장해서 본심을 저 깊은 곳에 숨겼다. 그렇게 내 본심을 알아차리지 못하게 꽁꽁 싸매놓고 등산이 싫고, 도전하는 것은 귀찮고 두려운 일이라며, 이렇게 사는 삶도 괜찮다고 착각하고 있었다. 하지만 아무것도 하지 않음은 무언가를 하고 난 뒤에 찾아오는 수많은 감정과 경험과 깨달음 모두를 포기하는 것이다. 상처받고 싶지 않은 하나의 마음을 위해 그보다 더 많은 것을 포기하고만 있을 수는 없는 노릇 아닌가.

이 생각의 길이를 늘이며, 나는 무엇을 말하고 싶었던 것일까. 이제라도 진짜 내 마음을 알았으니 주저하지 말고 도전하라고? 내가 그토록 중요하게 여겼던 체면이나 안정 따위 사실 별거 아니니까 모두 내려놓으라고? 우리는 언제나 미지의 시간을 살아가는 인생의 초행자니까 두려움은 항상 존재하는 것이라는 사실을 받아들이라고? 그래, 알지만, 이 모든 문장이 지금의 내게는 틀린 말이 아니라는 것은 알지만, 쉽게 입술이 떨어지지 않아 한참을 침묵했다.

얼마 전, 어쩌다 상황이 그렇게 되어 등산을 다녀왔다. 분명 번거로운 상황도 있었지만 즐거운 경험이었다. 그리고 또 얼마 전, 횡단보도 도착 3m 전에 바뀐 초록 불을 보고 재빨리 뛰어 버스를 탔다. 기껏 뛰었는데 버스를 놓쳤다면 역시나 민망해했을지도 모르지만, 막상 뛰어보니 아무것도 아니었다. 내 달리기가 썩 빠르지는 않아도 신호등의 초록 불 시간은 건너기에 충분했으니까. 세상일도 다 그랬겠지. 내 능력이 썩 뛰어나지 않아도 이뤄내기엔 충분했을 것이다. 내 콧대를 저 높이 세우며 잘하라고, 실패하지 말라고 닦달하지 않았다면 말이다.

막상 시도해보니 별것 아니었던 경험들. 이런 경험을 누적하며 나는 이런 말을 하고 싶었다. "거봐, 해보니까 괜찮지? 그러니까 두려워하지 않아도 돼. 마음껏 도전해"라고. 그렇게 내가 바뀌길 바라며 용기를 주고 싶었다. 그런데 그 말은 하지 않는 게 낫겠다. 그보다는 이렇게 묻고 싶다.

"새롭게 도전하는 동안 네 마음은 어땠어?"

다른 나로 바뀌길 바라는 용기보다는 바뀔 수밖에 없었던 상황을 경험한 내 마음이 어떤지를, 도전에 성공했다는 짜릿함에 감춰진 속마음을 들어주고 싶다.

도전했을 때, 그래서 성공했거나 실패했거나 혹은 변화의 과정 중에 있을 때, 그렇게 한 걸음을 움직였다는 사실에 도취해 그 과정 동안 두려웠을 마음을 더는 외면하지 않았으면 좋겠다. 무언가를 이루었다고 하더라도, 그래서 성취의 기쁨을 느낀다고 할지라도 도전하는 동안 느꼈을 두려움과 변화하는 동안 겪었을 고통이 사라지는 것은 아닐 테니까. 그러니 그동안 노력하느라 애썼을 내 마음 어딘가에 남아있는 그 쓰린 감정도 알아봐주면 좋겠다. 차분히 내 진짜 마음의 소리를 듣고 다독여주면 좋겠다. 그리고 그렇게 내 진짜 마음을 인정해주고 난 뒤 이렇게 말해주면 어떨까.

"새로운 도전을 하도록 용기를 내줘서 고마워. 그리고 무리하지 않아도 괜찮아."

오늘도 수고했을 당신에게 묻고 싶은 말,

"당신의 마음은 안녕하신가요?"

그리고 또 해주고 싶은 말,

"참 힘들었을 거예요. 진심으로 감사합니다."

본캐는 본캐답게, 부캐는 부캐답게

게임을 아주 열성적으로 하는 사람들을 보면 높은 레벨로 오르기 위해 어떤 전략을 구사하는 것을 쉽게 발견할 수 있다. 그것은 바로 부캐(게임에서 본래 캐릭터가 아닌 새롭게 만든 부 캐릭터를 줄여서 부르는 말) 키우기.

어떤 이들은 부캐를 육성할 시간에 본캐를 열심히 키우는 게 더 유리하지 않냐고 하지만, 절대 간과해서는 안 되는 것이 있다. 온라인 게임은 협동을 요하는 경우가 많아서 언제든 나를 도와줄 존재가 있으면 유리하다는 것이다. 게다가 게임을 실행할 수 있는 도구는 또 얼마나 다양한지. 쓰지는 않지만, 서랍에 넣어두기엔 아직 성능이 좋은 휴대전화가 아주 유용한 도구가 된다.

부캐를 키우는 게 번거로워 보이지만 수고로움을 감내하고 나면 부캐는 본캐에게 아주 도움이 된다. 가령 본캐가 어려움에 처해 있을 때 부캐가 도와줄 수 있고, 본캐와 부캐가 팀이 되어 협동 레이스를 펼치면 혼자 한 것보다 더 많은 보상을 얻을 수 있다. 본캐 하나만 외롭게 키우는 것보다 부캐와 함께 키우는 것이 더 빨리 크고, 더 잘 큰다. 씁쓸하지만, 부캐는 본캐를 육성하기 위해 존재한다. 본캐를 돕는 것. 그것이 부캐의 숙명인 것이다.

우리에게도 본캐가 있고 부캐가 있다. 진짜 나의 모습은 본캐이고, 필요에 따라 만들어진 본캐와는 다른 새로운 모습이 바로 부캐이다. 나의 본캐는 '게으르고, 귀찮아하고, 예민하고, 착하고, 완벽을 추구하는' 등의 성향을 가지고 있다. 그런데 세상에 나가 사람들을 대할 때는, 혹은 본캐만으로는 부족할 때 그러니까 본캐가 가진 능력 외의 능력이 필요할 때 부캐가 등장한다. '적극적이고, 나서길 좋아하고, 관대하고, 참을성 있는' 등의 성향을 가진 부캐가.

부캐는 이른바 가면이다. 페르소나. 필요에 따라 만들어낸 나만의 또 다른 나. 우리는 살면서 수없는 가면을 쓴다. 딸로서, 며느리로서, 아내로서, 사회인으로서, 친구로서, 위치와 역할과 상황에 맞춰 적절한 가면을 고른다. 가면 쓰기는 선택이라고 말할 수 없을 정도로 아주 자연스럽게 이뤄진다.

물론 가면을 쓰는 것을 나쁘게 말하고 싶은 생각은 없다. 게

임 속 부캐를 키우는 것처럼, '나'라는 본캐를 돕기 위해 가면을 쓴 여러 부캐를 만들고 적재적소에 배치함으로써 본캐가 받을 충격을 줄일 수 있고, 더 효과적으로 상황에 대처할 수도 있으니까. 가면을 쓰는 것은 내가 더 안전하게 존재할 수 있도록 도와주는 일이다.

그런데 나를 위해 선택했던 가면 쓰기가 문제를 일으킨다. 가면을 쓰는 것이 너무 익숙해서 어떤 모습이 진짜 내 모습인지를 잃어버리는 것이다. 가면을 쓸수록, 부캐를 키울수록 부캐와 본캐를 혼동해서 본캐가 필요한 자리에 부캐를 드러내고, 굳이 그렇게 하지 않아도 되는 시간에조차 부캐를 장착해서 진짜 내 모습을 잊고 사는 것이다.

회사를 다닐 때 내가 그랬다. 수많은 부캐와 가면을 만들어냈고, 부캐 모드와 가면 쓰기가 길어지면서 부캐의 모습을 본캐라고 생각했다. 부캐는 내가 필요에 의해 선택한 캐릭터였는데, 굳이 필요 없는 상황에까지 본캐를 드러내지 못하고, 부캐의 모습처럼, 그러니까 만들어진 모습으로 부단히 노력하며 살고 있었던 것이다.

또한 부캐가 받은 충격을 본캐가 받은 것이라고 느껴서, 직장인으로서 받은 좌절감을 인간 임경미라는 사람의 좌절로 연결시키기도 했다. 인간관계나 회사 일에 문제가 생기면 나라는 존재 자체의 문제로 인식했으며 일부분의 미흡함을 총체적인 결여로 받아들였다. 직장인 임경미의 실수를, 딸 임경미의 실수,

친구 임경미의 실수, 아내 임경미의 실수로 확장시킨 것이다. 본캐와 부캐가 갈등을 일으킬 때, 이랬다저랬다 하는 마음의 변덕과 감정의 동요를 비난하기도 했다. 이 역전 현상이 길어질수록 나는 화가 났고, 우울했고, 몸과 마음이 괴로웠다. 내면에서 끊임없이 나를 질책하고 힐난했다.

이럴 바에야 부캐 따위 없애버리고, 가면 같은 거 쓰지 않으면 좋겠지만, 그래서 내가 하고 싶은 대로, 나답게 살면 좋겠지만, 마냥 그렇게만 살 수는 없는 노릇이다. 어찌 됐든 우리는 혼자 살 수 없고, 일하지 않으며 살 수 없으니까. 함께 사는 세상을 더 편하게 사는 방법은 나답게 잘 사는 방법을 찾는 것이다. 본캐와 부캐를 잘 활용해서 말이다.

우선 본캐와 부캐는 제 역할에 맞춰 쓰여야 한다. 시도 때도 없이 부캐를 작동시키다 보면, 어느 순간 부캐를 본캐로 인식하게 되면서 진짜 내 모습을 잃어버리게 된다. 그러므로 부캐의 역할을 명확히 하고 적재적소에서 사용해야 한다.

그렇게 하기 위해서는 본캐와 부캐를 잘 구별해야 한다. 어떤 모습이 필요에 의해 쓰기를 선택한 가면인지, 이 가면을 쓰는 이유가 무엇인지, 진짜 필요한 가면인지 알아야 한다. 그래서 필요 없다면 과감히 부캐라는 가면을 벗어야 한다. 뿐만 아니라 부캐가 받은 상처를 본캐로 투사하지 말아야 한다. 꼭 기억하자. 부캐의 잘못은 부캐의 잘못일 뿐, 본캐 본질의 문제가 아니라는 것을.

마지막으로 가면 속 진짜 내 모습도 알아야 한다. 처음엔 본캐와 부캐를 구별하기가 쉽지 않겠지만, 자주 나를 관찰하며 나의 본캐를 인식하면 좋겠다. 그래야 부캐는 부캐대로, 본캐는 본캐대로 서로의 역할을 잘 수행할 수 있을 테니 말이다.

"가면 쓴 내가 받은 상처는
진짜 내가 받은 상처가 아닙니다.
무언가가 틀어졌어도
그것은 나라는 존재의 모든 것이 어그러진 것은 아니니까요."

부디 나를 잃어버리지 않게

학창시절, 나를 가장 괴롭히는 질문이 있었다. 바로 '나는 누구인가. 자아란 무엇인가'라는 질문이었다. 자아自我. 쉬운 한자인데도, 그 의미가 어렵고, 답이 쉽게 얻어지지 않았다. 답에 대해 생각하고 있노라면 답답함이 밀려오고는 했다. 그래서 나는, 언젠가 이 질문에 대한 답을 찾고 싶다는 바람을 담아 내 닉네임을 만들었다. 바로 '미아찾기'. 행방불명된 아이를 말하는 미아가 아니라, 내 이름 끝 글자인 '미' 자에 '나 아我' 자를 붙이고, 그 답을 찾길 바라는 나의 마음을 담아 '찾기'를 붙여 '미아찾기'가 된 것이다. 닉네임을 미아찾음, 미아찾았음이라고 지었다면 답을 이미 얻었겠지만, 닉네임이 미아찾기인 탓인지 나는 아직도 내가 누구인지 고민하고, 그 답을 찾고 있다.

일본의 애니메이션 감독 미야자키 하야오의 〈센과 치히로의 행방불명〉을 보면 주인공 치히로가 신의 세계에 들어가 시련을 겪는 내용이 나온다. 치히로를 도왔던 또 다른 주인공인 하쿠는 치히로에게 '자신의 이름을 잊으면 원래 살던 곳으로 돌아갈 수 없으니, 자신의 이름을 꼭 기억하라'고 조언한다. 하쿠의 조언대로 자신의 이름을 잊지 않았던 센은 유바바의 마지막 시험을 통과해 무사히 부모님과 함께 인간세계로 돌아온다.

치히로처럼, 나도 내 이름을 잃어버렸던 시절이 있었다. 이름이 '나'라는 존재의 상징과 대표라면, 이름이라고 비유할 수 있는 '나'를 잃고 살았던 적이 있었다는 뜻이다.

신의 세계에서 일하기 위해 계약서를 쓰는 과정에서 치히로는 본인의 원래 이름 대신 센이라는 이름으로 불리지만, 종이에 자신의 본래 이름을 적어놓고 잊지 않았으며, 돼지가 되어버린 부모님과 무사히 집으로 돌아가겠다는 꿈을 잃지 않았다. 현실이 녹록지 않아도 자신과 꿈을 잃지 않았던 것이다. 그러나 나는 치히로와 달랐다. 그때의 나는 안정적인 직업을 찾기 위해 공무원 시험을 준비하고 있었다. 그 당시 시험의 결과가 매번 실패였던 것보다 더 비극적인 것은 그 시간 동안 나라는 존재에 대해 외면했던 것이었다.

회사를 다니면서는 어땠는가. 매일 일을 해결하는 데 급급해 일하는 나로 살아갈 뿐, 나에 대해 진지하게 고민하는 시간도 없었다. 내가 누군지, 내가 어떤지 관심이 없었고, 내 꿈이 무엇인지, 어떤 비전을 가지고 있는지도 깨닫지 못했으며, 내가 일하는 이유와 공무원 시험을 준비하는 목적도 알지 못했다. 그렇게 나는 점점 내 이름을, 나를 잃어갔다. 그러나 지금은 다시 나로 돌아왔다. 먼 길을 돌아왔지만, 그만큼 잃어버렸던 시간의 소중함을 간직하며 나를 잃지 않기 위해, 나를 찾기 위해 노력하고 있다. 예전처럼, 나에 대해 고민하고, '나는 누구인가'라는 그 추상적이고 포괄적인 질문에 대한 답을 찾기 위해 질문을 세분화해 본다.

나는 무엇을 좋아하는가.
나는 무엇을 원하는가.
나의 꿈은 무엇인가.
내가 지금 하고 있는 것은 내가 진정으로 원하는 것인가.
지금 내가 느끼는 이 감정은 무엇이고, 왜 발생했는가.
내 생각은 진심인가.
나의 꿈과 비전은 무엇인가 등등.

나는 누구인가.
나는 ○○○이다.
그렇다면 ○○○은 누구인가.
○○○은 '이런' 사람이다.

지금 나는 수많은 질문을 던지며 '이런'에 대한 정의를 하고 있는 셈이다. 한동안 하지 못했던 것을 이제야 다시 시작하니, 조바심도 난다. '빨리 답을 찾아야 한다'는 생각과 '이것이 답일까' 하는 걱정이 교차한다. 그러나 그 모든 조바심과 의심을 뒤로하고 나는 꾸준히, 그저 답을 찾아갈 뿐이다. 그동안 밀린 것들을 빠르게 해내는 것보다 조금 더디더라도 묵묵히, 꾸준히 하는 것이, 오랜 시간을 돌아온 것에 대한 또 다른 해결법이 될 것이기 때문이다.

오늘은 나에 대한 어떤 것을 알았을까. 오늘의 나는 어제의 나보다 나에 대해 얼마큼 더 많이 알게 되었을까. 적어도 내가 남보다 나를 모르고, 남보다 내가 낯설어지는 그런 일은 없었으면 좋겠다. 그렇게 꾸준히 나에 대한 질문을 던지고 나를 알아가다 보면, 언젠가는 내 닉네임인 '미아찾기'가 '미아찾음'이 되고, 센이 치히로라는 자신의 이름과 함께 무사히 인간세계로 돌아온 것처럼, 나도 온전한 내 세계에서 살아가게 될 것이라고 믿는다. 나의 이름은 내 세계의 입장권이자, 온전한 내 세계 그 자체이다.

"가만히 거울을 들여다보고,
거울 속 그 사람과 대화를 나눠보세요.
아주 사소한 이야기부터 하나씩.
그렇게 나와 조금 더 친해지는 오늘이 되길."

"자꾸만 걱정하는 나를 걱정하지 않아도 돼요.

조금씩 안전하다는 걸 경험하고 나면,

뭐든 흘러갈 대로 흘러가고 있음을 경험하고 나면,

걱정도 점점 줄어들 테니까요."

Part 2

함께여도 외로운 우리에게,

"인정하자! 나는 나, 너는 너"

마음은 어떻게 써야 할까

"네가 진짜 내 생명의 은인이야. 정말 고마워."

매번 같은 사람에게 이런 말을 들을 때면 턱 끝까지 올라오는 질문이 하나 있다. 도대체 그 사람에게는 뭐가 다행이었을까. 내가 자신의 은인처럼 행동해준 것이? 다른 사람은 이해 못하는 것을 받아주는 나의 남다른 여유로움이? 그것도 아니면 까다롭게 굴지 않고, 그를 이해하며 배려하는 우리의 관계가?

한 강연에서 강연자가 말한 어느 누구의 사례가 기억났다. 배가 고파서 자신이 먹을 떡볶이를 사 갔는데, 룸메이트가 마침 내가 배고픈 거 알고 사 왔냐며 반가워했다는 이야기. 그래서 떡볶이를 친구에게 양보하고 혼자 방으로 들어가 엉엉 울었다는 이야기. 자신이 고작 떡볶이 1인분에 왜 그랬는지 모르겠다는 꼬리 질문까지.

그런데 사람 마음이 원래 그런 거 아닌가? 내 것 양보하는 일이야 그럴 수 있지만, 그것이 너무 당연하게 받아들여지면 속상하고 서운한 것. 남에게 마음을 주다가도 가끔은 나도 누군가에게 마음을 받고 배려받고 싶은 것. 그것이 당연한 사람의 마음이다. 애당초 당연한 마음이라는 게 존재하겠느냐 말이다. 당연히 괜찮은 마음의 이면에는 사실, 그만큼 상대가 소중해서 배려하는 희생이 있었고, 나보다 상대를 더 아끼는 사랑이 있었고, 때로는 그런 마음을 네가 알아주길 바라는 기대가 있었고, 욕심일지는 몰라도 언젠가는 너도 나를 그렇게 대해주길 바라는 희망이 있었다. 그런데 '당연'이라는 말로 포장하는 순간, 이런 이면의 마음들은 감쪽같이 사라져 알아차릴 수 없게 된다. 그렇게 바람을 바라는 마음은 당연함이 만들어놓은 프레임 안에서 점점 희미해진다.

그 사람이 나에게 고맙다며, 네가 은인이라며 인사를 건넬때, 나는 사실 마음이 좋지 않았다. 그런 말로 상황을 마무리하려는 그가 내심 서운했지만, 내게 고맙다는 그에게 싫은 소리를 할 수 없어서 침묵했다. 나 역시 이렇게 흘러가는 상황이 속상하고 유쾌하지 않다고 말하지 않았다. 대신 그를 위하는 내 마음을 줬다. 그리고 당신을 위해 내가 이렇게 마음을 주었으니 언젠가는 당신도 내게 그렇게 마음을 줄 것이라고 생각했다. 하지만 그런 일은 일어나지 않았다. 오히려 이런 식의 일방적인 마음 전달이 몇 번이고 더 반복되었을 뿐. 어느새 그는 이런 관계가 당연하게 느껴지는 듯했다.

지금보다 훨씬 어렸을 때 이런 기억이 있다. 나보다 어린 사촌동생이 내가 신나게 가지고 놀던 장난감이 마음에 들어서 그것을 내놓으라고 투정을 부릴 때 "이건 내가 먼저 가지고 놀고 있었으니까 넌 이따가 가지고 놀아!"라는 나름 이성적인 말로 설득해봐도 소용이 없었다. 오히려 떼쓰는 소리만 더 커질 뿐. 30분만, 그러면 20분만, 5분만 더 가지고 놀다 주겠다고 타협을 해도 동생의 떼는 멈추지 않았고, 급기야 소리 내어 울고 말았다. 울음소리를 들을 집안 어른은 "더 나이 많은 네가 양보해야지! 마음을 그렇게 쓰면 쓰니?" 하면서 내 손에서 장난감을 빼앗아 동생에게 넘겨주었다.

"마음을 그렇게 쓰면 쓰니?"

이 일 때문만은 아니었겠지만, 줄곧 마음을 잘 쓰기 위해 노력했다. 마음은 곱게 써야 된다기에 내가 아닌 너를 위해서 마음을 곱게 쓰려고 노력했다. 그것이 우리를 위한 방법이라고 생각하면서.

마음은 어떻게 써야 할까. 어떻게 써야 잘 쓰는 것이고, 곱게 쓰는 것일까. 내 마음이 어떤지는 고려하지 않은 채 탐탁지 않은 것을 받아들이고, 남이 상처받을까 봐 내 진짜 속마음은 말하지도 못하고, 배가 고파도 떡볶이를 내어주고, 내가 가지고 놀고 싶어도 나이 어린 동생에게 장난감을 내어줄 수 있게, 그렇게 마음을 써야 잘 쓰는 것일까? 그런데 아무리 생각해봐도 결국 내 마음이 아프다. '네가 이해 좀 해줄 수 있을까?, 네가 더 나이가 많으니까 당연히 양보해야지.' 이런 말들에 내 마음이 쓰라리고, 불편하다. 마음을 잘 쓰려니 줄곧 입안이 쓰다.

어느덧 나보다 상대를 더 배려했던 그 마음은 오히려 나를 더 아프게 만든다. 아픔이 상처를 만들고, 한번 상처가 난 자리는 아물어도 흔적이 남는다. 그리고 또다시 그 흔적 어딘가에 다른 상처가 생기면 그때는 단순히 흔적이 아니라 흉터를 남긴다.

조금 우울하고, 기분이 침체된 수준의 흔적이 아니라 나를 스스로 보호할 힘을 잃거나 내 목소리를 말하고 싶어져도 말할 수 없게 되거나 정반대로 냉혈한이 되는 그런 흉터가 남는다. 때론 타의에, 때론 자의에 너를 위해 까칠한 가시를 숨겨 넣었지만, 그 숨긴 가시에 내가 찔리고 주머니가 터져 물이 줄줄 새어버린 것처럼, 당연히 괜찮아 보였던 관계가 점점 무너져 내린다.

마음을 잘못 쓰면 내가 괴롭다. 이렇게 쓰는 게 맞다고 계속 그렇게 마음을 쓰면서 내 마음을 돌보지 않으면, 그래서 줄곧 누군가의 은인이 된다면, 그사이 괜찮지 않게 된 내 마음은 누가 돌봐줄까. 인간 소외, 아니 '자기 소외.' 소외는 타인이 아닌 나로 인해 시작되어 그 소외가 나를 향할 때 더 비극적이다.

감사와 다행이 한 방향으로 흐르는 관계는 결코 건강한 관계가 아니다. 이런 관계를 줄곧 유지하면 결국 자기 소외로 괴로워지는 건 내가 된다. 그러니까 정말 다행인 상황을 베풀어 주는 역할도, 상대의 은인이 되는 것도 적당히 하면 어떨까.

같은 상대가 매번 나에게 똑같은 역할을 강요한다면 그럴 땐 더더욱 적당히 하는 노력을 해보면 좋겠다. 한 번으로는 너무 야박하다면 딱 세 번만 참고 기다려보는 거다. 그리고 그다음에는 남의 은인이 되는 것보다 내 마음의 은인이 되어 나를 돌보는 쪽을 택해보자. 내가 누군가를 위해 써준 마음으로 오히려 내가 괴롭다면 더는 그런 희생은 하지 않아도 된다. 세상에서 내가 다행인 상황보다 더 다행인 것은 없다.

마음은 이렇게 쓸 때 더 단단히, 더 여유 있게, 더 포근하게 유지된다.

"자기 소외는 괜찮을 거라는 생각으로,
아무렇지 않을 거라는 추측으로 나를 외면하는 것부터 시작합니다."

솔직을 가장한 무례는 사양합니다

밤하늘에 떠올라 세상을 밝히는 달에는 한 가지 비밀이 있다고 했다. 알 만한 사람은 모두 알고 있어서 비밀이라고 하기엔 공개적이지만. 만천하에 드러난 달의 비밀은 바로, 인간은 평생 달의 한쪽 면을 본다는 것이다. 태어나서 죽을 때까지 '창백한 푸른 점'에서만 머무른다면 달은 영원히 한쪽만을 보여줄 것이다. 하지만 그럼에도 또 하나 명백한 사실은 우리가 볼 수 있든 볼 수 없든 달의 나머지 반대쪽 면은 언제나 거기에 존재한다는 것이다.

달의 이면처럼, 나에게도 너에게도 이면은 있고, 어떤 이면은 달의 반대편처럼 좀처럼 잘 드러나지 않는다. 우주선을 타고 간 인간이 달의 이면을 살피듯, 어떤 노력이나 사건을 계기로 이면은 드러난다. 때로는 감추고 싶었고, 때로는 나조차도 몰랐던 이면이.

상대방에게 예의 있게 대해야 한다는 나의 신념은 불필요한 마찰을 만들지 않기 위한 행동으로 이어지고는 했다. 눈에 불을 켜고 싸운들, 목소리 높여 논쟁한들 어느 누가 포기하고 납득하지 않을 것이라면 애써 긁어 부스럼을 만들고 싶지 않았다. 이 것은 우리 관계와 마음의 평화를 유지하는 방식이었고, 번거로 움으로부터 나를 지키는 노하우였다.

그렇다고 매 순간 그렇게 살아온 것만은 아니었다. 때로는 분노하고, 논쟁하고, 대화하며 더는 받아들일 수 없는 순간에 나의 또 다른 면을 드러냈다. 한편으로는 한결같으면서도, 한편으로는 한결같지 않은 모습을 보며, 누군가는 내 이면의 모습이 사실은 본 모습이라며, 평소의 모습은 솔직하지 못한 것이라고, 나를 솔직하게 드러내라고, 꾸며진 모습을 벗어던지라고 했다.

그러나 나의 이면은 한계치를 넘어선 사람들에게 드러나는 것이지, 아무 때나 시도 때도 없이 드러나는 것이 아니었다. 타인에게 솔직하다는 말을 듣기 위해 내 신념과 기준을 무너트리고 싶지 않았다. 게다가 어느 것이 진짜 내 모습이고, 어떤 것이 가식이거나 거짓이거나 이면인지 모르는 상태에서 일방적으로 나를 규정하는 타인의 말을 받아들이고 싶은 생각은 추호도 없었다.

요즘처럼 솔직함이 대세인 시대가 또 있었을까. 그래서인지

다들 속시원하게 말하고, 당당하게 자기 생각을 드러낸다. 오랫동안 나를 숨기고, 진짜 마음을 말하지 못하는 분위기 속에서 살았으니, 이제야 아버지를 아버지라 부르고, 형을 형이라고 부를 수 있는 '탈脫 홍길동의 시대'가 얼마나 반가울까. 나도 안다. 나 역시 아닐 땐 아니라고 말하고, 그럴 땐 그렇다고 말할 수 있는 지금을 자유롭고 소중하다고 느끼고 있으니까. 이제야 진짜 내 마음을 들여다보기 시작했고, 그렇게 하면서부터 조금씩 나를 사랑할 수 있게 되고 아낄 수 있게 되고 지킬 수 있게 되었으니, 솔직함이 주는 달콤한 보상은 놓치고 싶지 않은 것 이상이다.

하지만 언제나 그렇듯 빛과 그림자처럼, 양陽이 있으면 음陰이 존재한다. 솔직함의 시대에서 어떤 사람들은, 그러니까 나처럼 이면을 잘 드러내지 않고 사는 사람들은 종종 오해를 받는다. 솔직하지 못한 사람이라는 오해와 함께 의사를 확실히 하지 않는 중도의 태도가 줏대 없어 보인다는 평을 듣기도 한다. 그것이 너를 위한 양보였거나 나를 위한 배려였어도 침묵의 이유는 무시당한 채, 침묵하는 현상에 낙인이 찍힌다.

때로는 다른 종류의 솔직함도 있다고, 나는 생각한다. 누군가에게는 숨김없이 속마음을 드러내는 것이 솔직함이라면, 나에게는 내 진짜 마음과 같게 행동하는 것이 솔직함이다. 겉으로 드러내든 드러내지 않든, 적어도 자신만은 진짜 내 마음을 알아주는 것, 그 생각대로 행동하는 것, 그리고 내 마음에 비추어 부끄럼이 없는 것. 그것이 내가 생각하는 솔직함이다. 이런 솔직함은 적어도 자신에게는 진실하다. 내 마음을 착각하지 않는 이상, 잘못 알지 않는 이상, 마음속 진짜 목소리를 배반하지 않는다.

하지만 나만의 솔직함의 기준이 있듯, 그들에게도 솔직함의 기준이 있다. 다른 무엇보다 솔직만이 최고의 진리인 그들은 다른 어떤 가치들은 무시한 채(그러니까 관계, 예의, 배려 뭐, 이런 것들), 자신만의 솔직함을 충실히 따른다.

솔직함이 무기라고 말하는 그는(내게 솔직하지 못하다고 지적했던), 어느 날, "와, 그 센스없는 코디는 뭐야? 완전 아줌마 같아. 너무 촌스러워" 혹은 "그렇게 생각하는 거는 네가 무지해서 그런 거야"라는 말을 스스럼없이 내뱉었다. 그는 입은 꼭지가 고장 나 줄줄 새는 수도꼭지 같았고, 그의 언어는 필터 없는 정수기처럼 온갖 불순물을 걸러내지 못했다.

솔직하다고 자부하며 쏟아내는 말을 틀어막을 권리도, 방법도 없지만, 그런 사람들을 만나는 경험이 유쾌할 리 없다. 솔직을 가장한 그 배려 없음이, 나는 '솔직히' 불쾌하다. 말 한마디로 쉽게 사람의 마음에 상처를 줬음에도 자신은 솔직하다며 의기양양한 모습을 보고 있노라면 황당하기 짝이 없다. 이런 솔직함이 진짜 솔직함일까? 상대방이 상처를 입든 말든 신경 쓰지 않고 내뱉는 말들이 '솔직'이라는 포장지에 싸여 고귀한 선물인 척하는 게 과연 옳은 일일까.

솔직함의 가치를 이런 예를 들면서 깎아내리고 싶지는 않지만, 이런 부류의 솔직함 역시 우리 주변에 공존한다는 것은 어쩔 수 없는 사실이다. 나는 이런 행동은 솔직함이 아니라 무례함이며, 화끈하고 시원시원한 게 아니라 눈치가 없는 것이라고 말하고 싶다.

솔직의 범위는 내가 책임질 수 있는 선이면 충분하고, 수용의 범위는 내가 괴롭지 않은 선이면 충분하다. 그 선을 넘지 않았으면 좋겠다. 더불어 살아가는 존재이자 하나의 온전한 개체이기에 서로의 방식을 존중해주는 세상이 되기를 바란다.

"솔직병에 걸려 상처 주는 사람을 곁에 두지 마세요.
그럴 땐 네 말이 너무 아프다고 알려주세요.
내 마음도, 상대의 마음처럼 소중하니까요."

조언은 넣어둬, 넣어둬!

한번은 지인이 도저히 남편과 대화가 통하지 않는다며 하소연을 해왔다. 얘기인즉슨, 퇴근하고 직장 상사와 있었던 마찰에 대해 말했는데, 남편이 "그럴 땐 네가 이렇게 행동했어야지"라며 내 편도, 네 편도 아닌 어정쩡한 태도를 취했다는 것이다.

"내가 그걸 몰라서 그래? 그냥 답답하니까 하소연하는 거잖아"라고 대답하자 나는 너를 위해서 조언해주는데 왜 화를 내냐며 따지고 드는 바람에 오히려 부부싸움이 될 뻔했다는 것이다.

이야기를 듣고 한참을 웃었다. 사람 사는 게 아무리 비슷하다지만, 부부싸움 레퍼토리까지 비슷하다니. 나 역시 여러 번 경험했던 터였다. 일이 해결되지 않아 고민하는 나를 보며 남편은 이렇게 해보라고 조언했지만, 그 답이 내게는 짜증 그 자체인 적이 있었다.

"그걸 몰라서 못 하는 게 아니야. 했는데도 해결이 안 되니 고민하는 거야"라고 백 번을 설명해도 회사 분위기를 이해하지 못했던 남편의 원론적인 조언이 이어졌고, 멈추지 않고 이어지는 남편의 조언에 결국 언성이 높아졌다. 서로를 이해하지 못하는 표정으로 바라보고 있을 때 이 한 마디로 말다툼이 되어버린 대화를 종지부 찍었다.

"제발, '그랬구나. 힘들겠다. 나라도 엄청 짜증 나고 답답했을 거야'라고 말해주면 안 돼?"

고민을 토로하고 걱정을 말하는 순간, 내가 네게 바랐던 것은 조언이 아니라 공감이었을 뿐이다. 열심히 하는데도 잘되지 않아서 답답한 마음을, 실수하는 내가 밉고 짜증 나는 마음을, 누군가에게 쓴소리를 들어서 속상한 마음을 위로받고 싶을 뿐이다. 실수했어도, 부족했어도 '괜찮다, 괜찮을 것이다, 잘했다, 앞으로도 잘할 것이다'라는 응원의 말을 들을 자격이 있음을 확인하고 싶은 것이다.

넘어져 다친 아이에게 일어나서 뛰라고 강요하기 전에, 상처를 치료하고 용기를 먼저 북돋워 주는 시간이 필요한 것처럼, 고민 속에서 허우적거리고 있는 사람에게도 마음이 괜찮아질 시간이 필요하다. 마음이 괜찮아지는 말은 논리적인 말보다 따뜻한 위로와 동조의 말일 때 더 효과적이다. 그런데 이걸 잘 몰라서 위로가 오가면 좋을 시간, 오히려 언성을 높이며 비난이 오간다. 서로가 서로에게 바라는 것이 달라서, 서로의 마음을 몰라서 일어난 작은 해프닝이다.

물론 조언을 하는 입장에서도 할 말이 있을 것이다. 내 조언 역시 너를 위한 것이었고, 보다 건설적인 대화를 하고 싶었을 테니까. 그러나 하나 말해주고 싶은 것은 조언하고 충고하고 싶은 마음은 어디까지나 나 자신의 마음 때문이며, 상대방에게 필요한 건 그런 멋들어진 말이 아니라는 것이다. 물론 기발한 해결책으로 고민을 해소해주는 경우도 있겠지만, 대부분 입 밖으로 나오는 조언은 이미 해봤거나, 이미 알고 있거나, 그럼에도 불구하고 하기 싫거나 효과가 없어서 좌절한 방법인 경우가 허다하지 않던가. 교과서에서 볼 법한 뻔한 말들, 직장인이니 현대인 생활백서에서나 볼 법한 그럴싸한 말들이 그래서 더 공염불처럼 들리는 것이다.

공부하기 싫다며 얼른 대학교에 가서 자유를 즐기고 싶다는 내게, 20대 언니, 오빠들은 부모님이 먹여주고 옷 사입혀 줄 때가 좋은 거라고 했지만, 나는 그들의 말이 자유를 누리는 자들의 잘난 체로 보였다. 대학교에 가서는 빨리 취업하고 싶다는 내게 사회에 나가면 진짜 고생이다, 지금이 좋아, 지금 즐기라고 충고하는 취업한 선배들이 얼마나 재수 없게 느껴졌는지. 저들은 이미 취업해서 걱정할 게 없으니 쉽게 말할 수 있는 거 아닌가 하는 생각에 조언은 귓바퀴에서 이미 팅겨 나가 버렸다.

물론 지금은 그들의 말이 백 번, 천 번 옳았음을 인정하지만, 그때의 내게, 그러니까 암흑 같은 현실에서 벗어나려고 발버둥 쳤던 내게 그들의 말을 받아들일 합리적인 이성 같은 것은 존재하지 않았다. 힘든 상황은 이렇게 색안경을 끼게 만들고, 진심을 배배 꼬게 만든다.

상사에게 깨졌다는 친구에게, 애인과 싸웠다는 친구에게, 일이 어그러져서 괴로워하는 친구에게 나는 어떤 말을 전하고 있었을까. '내가 곧 길이요, 진리요' 하는 마음으로, 마치 위대한 지혜의 왕 솔로몬이 된 것 같은 마음으로 정답을 전하고, 판결을 내리려고 하지는 않았을까. 누군가에게 도움이 되고 싶어서, 그가 잘됐으면 하는 마음에 조언을 하고 해결책을 제시하고 있지는 않았을까. 그때 그가 필요한 게 그저 따뜻한 위로의 말 몇 마디였는지, 현명한 조언이었는지 미처 파악하지 않은 채 그 순간 내가 하고 싶은 말을 먼저 하고 있지는 않았을까.

누군가가 고민을 이야기해 올 때, 속상한 마음을 털어놓을 때, 그럴 땐 '아, 그랬구나. 속상했겠다'라는 동의와 인식의 말들, 위로와 격려의 따뜻한 말 한마디를 먼저 건네 보자. 방법을 알려주고 싶고, 함께 해결해주고 싶어도 조금만 참고 기다려보자. 그러면 그는 분명 자신의 자리로 돌아가 용기를 낼 것이고, 방법을 찾을 것이고, 다시 행동할 것이다. 당신의 작은 지지와 응원의 말에 힘입어서 말이다.

백 마디의 옳은 말보다 한마디의 위로와 공감의 말이 필요한 순간, 애정을 가득 담은 눈빛으로 이렇게 건네 보자.

"에고, 네가 진짜 속상하겠다. 마음고생 많았겠네."

공감과 위로의 말로 연고를 먼저 발라준 다음, 조금 괜찮아지고 난 다음에 조언과 평가를 해도 시간은 충분하다.

"마음을 추스를 시간이 필요한 내게 이렇게 말해주세요.

속상했지, 괜찮아, 고생했어."

호의가 계속되면 권리인 줄 안다고?

호의好意. 친절한 마음씨, 또는 좋게 생각해주는 마음이라는 의미를 가진 이 단어는 주로 '베풀다'라는 서술어를 짝꿍처럼 데리고 다닌다. 그런데 이 짝꿍이 썩 내키지 않는다. '베풀다'라는 말에서 주는 사람이 받는 사람보다 우월한 위치에 있다거나 나는 이 정도까지 해줄 수 있는 사람이라는 으스대는 모습이 느껴지기 때문이다. 호의를 받는 사람은 또 어떠한가. '베풀다'로 쓰이면 호의를 구하기 위해 굽신거리는 모습이 떠오른다. 성격에 의해서든, 의지에 의해서든 어찌됐든 자의에 의해 드러난 호의가 굳이 '베풀다'라는 단어를 만나서 의미가 퇴색되고, 주고받는 사람 사이에 우열마저 결정짓는다.

친절한 마음을 주고받는 게 뭐 그리 나쁠까. 사람 사는 세상,

온도를 높이고, 밝기를 밝히는 그런 마음. 있으면 있을수록 좋고, 많으면 많을수록 좋은 게 바로 호의다. 하지만 호의를 대하는 우리의 마음이 이것만이 전부는 아니라는 것을 종종 목격한다.

'호의가 계속되면 권리인 줄 안다.'

길고양이에게 밥을 줬더니 이튿날도, 다음날도 찾아와 고민이라는 사람에게, 돈이 없어 끼니 걱정을 하는 사람에게 밥을 드렸다는 누군가에게 이런 조언이 종종 따라붙었다.

"조심하세요. 호의가 계속되면 권리인 줄 아니까요."

조언 뒤에는 본인의 아찔했던 경험담이 이어졌다. 누군가는 다음날 고양이가 다른 고양이 친구들을 데려와 당황했고, 누군가는 주변에 공짜 밥 주는 집으로 소문이 나서 당황스러웠다는 경험담이.

내가 이런 경험의 당사자라면, 마찬가지로 당황했을 듯하다. 호의를 받는 사람의 마음이 옹색해서, 혹은 그의 여건이 좋지 않아서 더 많은 호의를 바라는 것인가 싶어 호의가 권리가 되는 것을 두려워하는 마음도 충분히 이해는 되지만, 이런 생각들이 갈수록 호의를 보이기 힘들게 만드는 것은 아닌가 싶어 마음이 씁쓸하다. 하지만 나는 또 정반대의 경험으로 잠시의 씁쓸함은 괜한 기우가 만들어낸 불필요한 감정일지도 모른다고 위로한다. 어떤 호의는 또 다른 호의로 돌아오기도 하니까 말이다.

수고하시는 택배기사님께 간식거리를 전해드릴 때 당신의 집으로 도착하는 물건은 더 신경 쓰겠다는 말로, 돌이 들어있는 음식을 먹고 음식은 정말 맛있었는데 돌이 있더라고 남긴 말에 기어코 음식을 다시 한번 보내는 마음으로 돌아오기도 하니까. 화내지 않고 오히려 가게를 위하는 마음이 느껴져서 감사했다는 메모와 함께 말이다. 무언가를 바라지 않고 내보인 어떤 마음은 이렇게 뜻밖의 호의로 다시 돌아온다.

그렇다면 이 호의를 어떻게 해야 할까. 호의가 가득한 게 좋다면 호의에 대한 생각을 바꿔보면 어떨까. 호의를 베푸는 것 정도가 아니라 호의를 보이는 정도로 말이다. 보이는 것은 내 마음이 이렇다고 밖으로 드러내는 것이니 상대가 받든 말든 걱정할 것이 없고, 호의가 크든 작든 부담을 느낄 필요가 없다. 호의가 보이면 느끼는 것이고, 보이지 않으면 그만인 것. 호의를 볼 수 있으면 다행이고, 볼 수 없어도 그만인 것.

호의를 보이는 그 미지근한 온도가 눈치채는 사람의 마음을 무겁지 않게 하니 부담이 없어 좋다. 베푸는 것처럼 거창하고 더 적극적이지 않다면 호의를 권리처럼 요구하는 사람을 만나도 마음의 부담이 훨씬 줄어들 것이다. 앞으로도 호의를 더 많이 보이고 살면 좋겠다. 내가 보인 호의를 느낀 누군가가 다른 누군가에게 또 다른 호의가 되어 비춰질 수 있다면, 둥글게 퍼져나가는 호의의 파동이 일 수 있도록 아주 작은 돌멩이를 던져본다.

호의를 보이는 게 뭐 얼마나 거창한 것도 아니다. 택배 기사님께 음료수 하나를 건네거나 감사의 메시지를 보내는 일, 버스를 타면서 기사님께 안녕하시냐는 인사 한마디를 건네는 일, 뒷사람을 위해 출입문을 몇 초 더 잡아주는 일. 그 정도의 호의로도 보이기 충분하고 괜찮다.

한 영화에 등장하면서 화제가 된 말, '호의가 계속되면 권리가 된다.' 이 말이 호의를 보이기 어렵게 만드는 것이 되지 않기를 바란다. 오히려 호의가 권리가 되더라도 호의를 주고받는 것을 포기하지 않았으면 좋겠다. 내가 보낸 작은 호의가 또 다른 호의로 이어지고, 그 호의가 또 다른 누군가에게 호의로 다가간다면 그 호의의 물결이 언젠가 내게도 와닿을 테니까.

거창하지 않고 부담스럽지 않은 작은 호의, 그렇게 보이는 호의가 너와 나, 우리 모두의 권리가 된다면 그건 어쩌면 살만한 세상이라는 증거일 것이다.

"남의 마음이 내 마음 같지 않아도
내가 하고 싶은 대로 해보는 거예요.
그 진실한 마음은 꼭 전달될 테니까요."

남을 바꿀 순 없어도
내 생각은 바꿀 수 있다

"모든 문제의 원인은 나에게 있다. 나를 괴롭게 하는 문제 상황에 대한 책임 역시 나에게 있다."

자꾸만 까끌거리는 마음을 매끄럽게 하고 싶어서 이 책 저 책 읽다가, 어딘가에서 이런 문장을 만났다. 하지만 까끌거리는 마음은 이 문장 하나를 받아들이지 못해서 이내 반감이 생겼다. 어떻게 모든 문제의 원인이 나에게 있다고 저렇게 확신 있게 말할 수 있을까. 그것도 '모든'이라는 어떤 예외도 인정하지 않는 단어를 써가면서.

그리고 물음표가 생겼다. 그렇다면 앞차가 무리하게 끼어들어 사고의 위험을 초래했어도, 불쾌한 일로 인해 화가 났어도, 남편이 바람을 피웠거나 친구와 오해가 생겨 다투게 됐어도, 애인과 트러블이 생겼어도 모두 내 문제란 말일까. 도대체 어떻게 그럴 수 있을까.

흔히 문제라고 인식하는 상황이 생겼을 때, 나는 어떻게 행동했을까. 문제가 생기면 내 마음을 알아주길 바라고, 나를 이해해줬으면 싶은 게 나의 마음이었고, 이것은 우리의 마음이기도 하지 않을까. 그래서 문제가 생기면 상대 운전자가 예의 바르게 운전하길 바랄 것이고, 친구가 오해했던 마음을 풀고 내 마음을 알아주길 바랄 것이고, 애인이 내게 와서 사과하며 나를 달래주길 바라는 것으로 문제를 해결해왔다.

그런데 어딘가 이상한 구석이 있다. 불편해진 건 네가 아닌 내 마음인데, 내 마음을 달래주기 위한 나의 노력이 없다는 것. 다시 말하면 내 마음이 괜찮아지기 위해 내가 아닌 상대방이 노력해야 한다는 것이다. 내 마음은 네 마음이 아닌데도 말이다.

문제가 생기면 '저 사람의 행동은 잘못된 거야. 이렇게 행동하면 좋겠어'라고 생각하면서 내가 아닌 남이 바뀌길 원했고, 왼손잡이를 오른손잡이로 교정하듯 상대를 바꾸려 했다. 사람 사이의 관계에서 오는 스트레스도, 일하면서 받는 스트레스도 모두 그것을 개선하는 방법은 나에게 있는 것이 아니라 상대에게 있다는 의미였다. 양말을 뒤집어 벗는 남편에게 제대로 벗어 놓을 것을 요구하고, 무뚝뚝하게 대답하는 자녀에게 친절하게 말하라고 요구하고, 까칠하게 대하는 직장 상사가 자신을 친절히 대해주길 바라는 식이다.

그러나 깊이 생각해보지 않아도, 남들이 내가 바라는 대로 행동하기란 하늘의 별을 따는 것처럼 어려운 일이라는 것을 알 수 있지 않은가. 내가 내 말과 행동을 내 뜻대로, 내 의지대로 하는 것도 어려운데, 하물며 남을 내 식대로 움직이게 하는 일의 결과야 불 보듯 뻔한 것 아닐까.

하지만 이 진리(?)를 잘 알고 있으면서도, 문제상황이 찾아올 때마다 아주 본능적으로, 그리고 습관적으로 남을 고치기 위해 행동한다. 운이 좋아 상대가 고치면 다행이지만, 만약 그렇지 않는다면 나를 괴롭게 만드는 문제들은 여전히 그 자리에서 내 신경을 자극했다. 그리고 또다시 이어지는 스트레스. 머리로는 쉽게 이해할 수 있는 눈에 뻔히 보이는 이 연쇄작용을 끊어내지 못하고 미련스럽게 매번 번뇌하고 괴로워했던 것이다.

도무지 마음에 안 드는 상황에 처했을 때, 그 상황에서 벗어나는 방법은 두 가지다. 하나는 문제 상황이 해결되는 것이고, 하나는 문제 상황이 아예 생기지 않는 것.

우선 첫 번째 방법은 문제 상황을 해결하려는 당사자의 의지와 행동이 반드시 필요하다. 그렇게 된다면 발전적인 방향으로 나아갈 수 있다. 그러나 끝내 어느 누구도 변하려 들지 않는다면 문제는 절대 해결되지 않는다. 그러므로 문제를 쉽게 해결하는 방법은 두 번째 방법인 문제상황이 아예 생기지 않게 하는 것이다. 이 방법은 문제의 해결 방법을 너와 내가 아닌, 오직 나에게서 찾는 것이다. 어떻게 그럴 수 있을까. 다소 어려운 일처럼 들릴 수 있지만, 이 방법은 행동이 필요 없이 오직 생각 하나로 간단히 해결된다. 바로, 문제를 문제로 인식하지 않는 방법이기 때문이다. 이름하여 '그러려니' 작전.

양말을 뒤집어 벗어도, 누군가가 툴툴거리며 말해도, 앞차가 난폭 운전을 해도 '그러려니' 하고 반응하지 않으면 그것은 문제가 되지 않고, 나를 괴롭히지도 않게 된다. 애당초 문제를 문제라고 인식했기 때문에 문제가 발생한 것이니, 문제를 문제라고 인식하지 않으면 문제는 생기지 않는다. 이 무슨 허무맹랑한 말인가 싶겠지만, 조금만 생각해보면 이런 일은 이미 우리의 일상생활에서 일어난다.

누군가는 앞차가 무리하게 끼어들면 불같이 화를 내며 클랙슨을 울리지만, 누군가는 앞차가 무리하게 끼어들든 말든 전혀 신경 쓰지 않고 자신의 운전에만 집중한다. 누군가가 불쾌한 말투로 짜증을 낼 때 어떤 사람은 '오늘 무슨 일 있나?' 하고 대수롭지 않게 넘기지만, 어떤 사람은 '왜 애먼 사람에게 화풀이하냐'며 되레 짜증을 낸다. 같은 상황에서도 누군가는 문제로 인식하고, 누군가는 문제로 인식하지 않았기 때문에 행동에 차이가 나는 것이다. 그러니 문제 상황을 만들지 않기 위해 예민한 나의 신경을 조금은 무던하게 만들어보면 어떨까. 정말 문제를 제기해서 고쳐야 할 것이 아니라면, 굳이 화를 내지 않아도 되는 작은 일에는 그러려니 작전으로 대응해보자.

그러려니 방법을 잘 활용하기 위해서는 관심이라는 허울 좋은 이름으로 내 뜻대로 해주길 바라고, 조언이라는 명목으로 그것을 받아들이길 바라는 마음으로부터 자유로워져야 한다. 내가 남을 바꿀 수 있다는 욕심이 나를 괴롭히고, 상대마저 괴롭히니까.

세상엔 내가 남을 바꿀 의무도, 남이 나를 바꿀 권리도 없다. 그러니 남이 무엇을 해서 문제가 해결되길 바라는 마음을 비우고, 내 마음을 바꿔서 문제를 문제로 인식하지 않는 것이 더 빠른 해결 방법이다. 그러려니 하며 시끄러운 마음의 소리로부터 자유로워지면 어느 것도 문제될 것이 없다.

까끌거리는 내 마음에 거슬렸던 그 문장이 결국 하고 싶었던 말은 이게 아니었을까. 누군가는 책에서 모든 문제의 원인은 나에게 있다고 말했고, 어쩌면 이 문장은 문제를 문제라고 인식하지 않는, 그러니까 그러려니 하고 넘겨버리는 태도로 가능한 것이라고 해석해본다.

"나를 괴롭히는 것은,
괴롭힌다고 생각하는 그 대상이 아니라
괴롭다고 느끼는 내 마음이에요.
내 마음을 먼저 들여다보고
내 생각을 바꿔보세요.
그 누구도 아닌 바로 나를 위해."

나는 히어로가 아니다

히어로 영화를 보면 즐겁다. 기가 찰 정도로 사악한 악당을 보는 것이 썩 유쾌한 경험은 아니지만, 세상에 존재하면 안 될 것 같은 존재를 세상에 존재하지 않게 만들어버리는 그 결말이 좋다. 그들이 쫄쫄이 타이즈를 입든, 일상과 동떨어진 의상을 입든, 거추장스러운 무기를 들든 상관 없이, 주인공이 악당을 물리쳐서 '그래서 마침내 사람들이 안전하게 살게 되었습니다' 하는 결말은 해피엔딩이라서 더더욱 즐겁다.

꼬마일 때의 나는 히어로 영화의 주인공을 꿈꿨다. 오지랖과 의협심 사이에서 줄 타는 아이, 그런 아이가 나였다. 그런데 아직 그 습관이 사라지지 않은 것 같고, 이게 비단 나만의 이야기는 아닌 것 같다. 우리는 점점 또 다른 종류의 히어로가 되어 가고 있으니까.

학생이든, 직장인이든, 부모든, 자식이든 어떤 위치에 있든지 막중한 책임 의식을 가지고 사는 사람들을 본다. 마치 슈퍼맨이라도 되는 양, 내가 없으면 세상이 돌아가지 않을 것이라는 생각 때문에 자신의 모든 것을 쏟아부으며 사는 것이다. 내가 나서야 하는지 아닌지도 구분하지 못하고 말이다.

드라마 〈산후조리원〉을 보면 대기업 이사로 일하는 주인공이 등장한다. 그녀는 국내 대기업 최연소 여성 이사라는 명예로운 타이틀을 거머쥔 뒤 얼마 되지 않아 임신했다는 소식을 듣는다. 선물 같이 찾아온 아이였지만, 원치 않은 타이밍이었다. 그녀는 출산 휴가에 들어가지 않고 양수가 터질 때까지 일하며 중요한 계약을 성사시킨다.

출산 후 산후조리원에 있을 때 회사 동료에게 연락이 온다. "곧 중요한 발표가 있는데 이사님이 안 계시니 걱정돼요." 직원의 하소연에 그녀의 입꼬리가 올라간다. 출산 후 '나는 누구인가' 하는 정체성 혼란에 빠진 그녀였기에, 나를 필요로 하는 곳이 있다는 사실에 기뻤다.

결국 그녀는 발표날 외출을 감행하고 직원들에게 히어로 같은 존재가 되기 위해 회사를 찾아갔다. 그러나 동료들은 스스로 자기 일을 해내고 있었고, 그녀가 도와주려고 했던 발표도 후임 직원이 무사히 마쳤다는 이야기를 듣게 된다.

허탈한 마음으로 돌아서는 그녀를 보며 나 역시 허탈함이 밀려왔다. 그게 어디 허탈감뿐이겠냐는 말이다. 속상하고, 나는 이제 없어도 되는 존재가 된 것 같고, 분하고, 슬프고. 내 자존심과 마음을 갉아먹는 온갖 부정적인 생각과 안 좋은 감정들만 솟아올랐을 것이다.

나 역시 그랬으니까. '내가 아니면 안 돼. 내가 하지 않으면 안 돼. 내가 없으면 안 돼' 같은 생각에 빠져 나를 닦달하고 몰아세우고 애쓰기를 반복했다. 내가 할 수 있는 상황인지, 능력은 되는지, 하고 싶은지를 고려하기 전에 무조건 해야 한다는 생각에만 몰두했고, 그럴 때 비로소 내가 쓸모 있는 사람이라고 생각했다. 그러나 이런 것도 책임 의식과 의협심 수준을 넘어서서 나의 한계치를 모르고 덤비는 수준이라면 병이다. 일명 히어로 병.

어느 날, 이런저런 모임으로 귀가가 늦어진 적이 있었다. 남편이 밥은 먹었을지, 집은 제 모양일지 걱정되는 마음에 서둘러 집에 도착했을 때, 남편은 내가 없는 시간을 얼마나 알차게 잘 보냈는지를 여실히 보여주는 증거물들을 내 앞에 들이밀었다.

밥은 해 먹었고, 설거지도 해뒀고, 그래도 시간이 남아 혼자 외출해서 청바지도 하나 구입했다며 자랑하는 남편. 새로 산 바지가 어떤지 봐달라며 패션쇼를 하는 남편이 미웠다. 항상 "자기는 나 없으면 어떻게 살래?"라는 말로 걱정을 했었는데, 내가 없어도 혼자 밥 잘 먹고, 쇼핑까지 하는 남편을 보니 서운한 마음이 든 것이다. 남편에게는 벌써 내가 없어도 되는 존재가 되어버린 것 같다는 생각에, 내 역할이 사라졌다는 생각에, "바지 너무 촌스러워"라고 거짓말을 했었더랬다.

유치하기 짝이 없는 성질을 부리고 나니 아차 싶었다. 드라마도 그렇고 현실도 그렇고 내가 없어도 회사는 잘 돌아가고, 세상도 잘 돌아가고, 가족도 잘 살 텐데, '나는 아직도 히어로 병에서 완쾌되지 못했구나' 싶었다.

돌이켜 보면 그것은 나의 자만이었고 욕심이었다. 내가 모든 것을 다 해야 하고, 다 할 수 있고, 다 도와줘야 한다는 자만. 그렇게 할 필요도 없고, 어떤 일은 그렇게 할 수 없음에도 나의 한계를 한계치까지 몰아세우며 떠맡으려고 하는 욕심. 그런 자만과 욕심에서 벗어나기 위해서는 현실을 받아들여야 했다.

'내가 없어도 세상은 잘 돌아간다. 그러니 무리하지 말자.'

하지만 한 가지 오해하지 말아야 할 것은, 그렇다고 해서 내가 세상에 필요 없다는 의미는 절대 아니라는 것. 내가 없어도 세상은 잘 돌아가기 때문에 모든 일을 내가 다 할 필요가 없고, 모든 책임을 내가 다 떠맡을 필요가 없다는 것, 그렇기 때문에 내가 힘들 때조차 참고 견디며 무리하게 나설 필요가 없다는, 내게 이로운 생각을 쏙쏙 받아들이는 것으로 이 히어로 병을 고쳐보자.

그러면 남편이 쇼핑하는 길을 억지로 동행하지 않아도 되고, 출산 후 몸을 푸는 와중에 회사에 가지 않아도 되니까.

히어로는 정~말 필요할 때가 아니면 영화 속에 존재할 때가 가장 즐겁다.

"내가 없어도 괜찮은 일까지
내가 없으면 안 된다고 억지로 끌어안지 마세요.
영웅이 되려는 욕심을 내려놓을 때
비로소 몸과 마음이 편안해지니까요."

우리 사이에 거리가 필요해

사람 인人 자는 한 사람이 쓰러지지 않도록 다른 사람이 지탱해주는 모습을 본떠 만들었다고 했다. 그래, 그래서 인간은 혼자 살 수 없는 거겠지. 혼자 있고 싶지 않아도, 언제든 기댈 수 있는 네가 필요해서 나는 너무 자연스럽게 너를 찾았고, 우리를 만들었다.

내가 쓰러지지 않게, 네가 기울어지더라도 넘어지지는 않게 지탱해주는 게 인간답게 사는 모양이지 않을까. 가끔 힘이 들고 지친 날이 찾아오면, 사람 인 자를 쳐다보며 언제라도 내가 쓰러지지 않도록 도와줄 네가 있다는 사실에 조금은 위로가 되기도 했다.

하지만 너와 내가 함께하는 낭만의 순간은 홀로 있고 싶다는 또 다른 욕망 때문에 쉽게 깨졌다. 가끔은 그다지 예민하지 않은 성격에도 거슬거리는 사람을 만났고, 적정선을 지키지 못하고 나만의 영역에 침범하는 사람들을 만나고는 했다. 서로의 공간을 인정해주지 않고, 무심코 침범함으로써 우리는 서로 상처를 주고, 상처를 입는다. 가까운 사이든, 가깝지 않은 사이든 관계없이 우리는 서로를 베고 또 찌른다.

철학가 쇼펜하우어도 이런 상황을 많이 목격했을까. 아니, 어쩌면 경험했을지도 모르지. 여하튼 그는 고슴도치의 우화를 들어 인간관계를 설명했다. 이른바 '고슴도치의 딜레마.'

추운 어느 날, 고슴도치들이 온기를 얻기 위해 서로 모이지만 이내 서로가 가진 가시에 찔려 화들짝 놀라 거리를 떨어트린다. 그런데 멀찌감치 떨어져 있으니 또 추워진다. 그러면 고슴도치는 온기를 얻기 위해 다시 모이고, 서로를 파고들수록 가시에 더욱 깊이 찔린다. 고슴도치는 멀어지다가 가까워지다가를 반복하면서 적당한 거리를 찾아낸다. 온기를 나누면서도 서로를 아프게 하지 않는 적당한 거리를 말이다.

우리의 삶이 고슴도치의 딜레마와 뭐가 다를까. 망망대해에 홀로 놓인 외딴 섬처럼 살기에는 외롭고 쓸쓸해서 다른 사람을 찾지만, 사람들과 부대끼면서 이리 치이고 저리 치이면 상처를 입고 이내 혼자 있고 싶은 마음이 들어 거리를 두지 않았던가.

혐오스러운 인생이라고, 지긋지긋하다며 어디론가 홀쩍 떠나는 것을 꿈꾸다가도, 8박 10일 여행이 끝나고 나면 인천공항에 발을 내리는 순간부터 마음이 따뜻해지고, 문을 열고 집으로 들어와서는 '홈 스위트 홈'이라고 중얼거리며 그제야 안도의 한숨과 함께 소파에 털썩 주저앉는 내가 아니었던가.

사람 인 작대기 두 개의 아이러니. 나를 찌르는 고슴도치들로부터 벗어나고 싶으면서도, 정작 그들에게서 벗어나면 온기를 얻지 못하니 금세 체온이 그리워져서 다시 고슴도치들을 향해 움직이는 것. 나는 언제나 그 둘 사이를 오가며 갈팡질팡 자리를 잡지 못하고 있었다.

그래, 그렇다면 이제라도 결론을 내려볼까. 언제라도 나를 찌를 수 있는 고슴도치들로부터 나를 지키기 위해, 온기는 주고받으면서도 서로 상처를 입히지 않기 위해 적당한 거리를 가지는 것으로 말이다. 내 주변에 있는 고슴도치들로부터 나를 지키고, 또 다른 고슴도치들을 찌르지 않기 위한, 그러면서도 온기를 전달할 수 있는 적당한 거리를 잘 찾아보면 어떨까.

거리. 거리에는 물리적인 거리만 있는 것은 아닐 테다. 심리적인 거리가 있고, 태도와 말에 담긴 언어와 행동 사이의 거리도 있다. 어떻게 하면 이런 거리들을 잘 유지할 수 있을까.

우선 나를 알아야 한다. 내가 어떤 생각을 하고 있는지 뿐만 아니라 내 감정이 어떤지 느낄 줄도 알아야 한다. 그리고 나를 알아가는 순간에는 자신에게 솔직해야 한다. 나에게 질문하고 탐색하는 그 순간에는 그럴 거야 하는 추측도, 그랬으니까 하는 당연시도, 왜 그러는 거야 하는 비난도 없어야 한다. 척하는 가면을 벗고 솔직한 나의 민낯을 드러내어 마주해야 한다.

나를 알아야 내 생각뿐만 아니라 타인의 생각을 존중하고, 내가 무조건 맞다거나 상대가 무조건 맞다고 동조하지 않을 수 있다. 내 생각과 감정을 모르고, 기준이 세워져 있지 않으면 언제든 내 영역을 침범해오는 고슴도치들의 가시에 찔리게 될 테니까.

한 걸음 더 나가볼까. 내 기준을 알았다면 그에 따라 행동하되, 상대의 기준도 존중하기. 내가 상대의 가시에 찔려 아픈 만큼 상대 역시 내가 찌른 가시에 상처 입을 수 있으니까. 상대를 존중하기 위해서는 우선 상대를 나와 동일한 존재로 인식하지 않고 독립적인 하나의 주체로 인식해야 한다.

'내 자식이니까, 내 남편이니까, 내 친구이니까 나를 이해해주겠지? 나는 지금 간섭하는 게 아니라 조언하는 거야'라고 생각하기 전에 자신의 방법이 합당한 것인지 묻고, 상대의 의사가 어떤지 먼저 물어야 한다.

거리를 둔다는 것은 무관심하라는 것이 아니다. 관심은 가지되 간섭하지 않는 것. 그것이 서로 온기를 주고받으면서도 상처 주지 않는 적당한 거리다.

"삶은 혼자서 살 수 없어서
함께 살 수 있는 방법이 필요합니다."

마음은 등가교환 되지 않는다

친구에게 시집 한 권을 선물했다. 예쁜 꽃 그림에 시가 한 편씩 어울려 있는 구성이 마음에 들었다. 일하고 아이 키우느라 바쁜 일상이니까 긴 글을 읽을 시간은 없을 테고, 짧은 시라면 하루에 3분, 길어도 5분이면 읽을 수 있겠지 싶었다. 거기에 꽃도 그려 있으니 메마르고 건조한 일상을 촉촉하게 만들어주지 않을까 싶었다. 시를 읽으며, 그림을 보며 저처럼 예쁜 너라는 존재와 네 삶의 아름다움을 더 느끼길 바랐다. 선물을 보내는 내 마음이 너무 거창했다. 그래서 내 마음이 선물과 함께 잘 전달되기를 잔뜩 기대했다.

며칠이 지나고 책에 대해 물었을 때, 친구는 선물 받은 날 몇 페이지 뒤적거린 뒤로는, 바빠서 읽어보지 못했다고 했다. 내게 미안했던지, 많이 읽지는 못했지만 대강 봐도 얼마나 좋은지 알겠더라는 말을 덧붙이면서.

'그래, 어쩔 수 없지. 괜찮아. 그럴 수 있어.'

이런 생각으로 마음을 바꿔봐도 마음 한구석이 허전했다. 애써 밝게 통화를 마쳤지만, 전화를 끊고서도 속상했다. 아무리 바빠도 그렇지, 3분 정도의 짬도 안 나는 건가? 사실 책이 마음에 들지 않았나? 괜찮은 척하는 것은 그렇게 흉내 내는 것일 뿐, 진짜 그렇게 생각하는 것이 아니니까. 척한다고 해도 서운함을 느낀 진짜 내 마음이 사라지는 것도, 괜찮아지는 것도 아니었다.

처음 친구에게 책을 선물할 때, 나만의 상상의 나래를 펴며 행복했다. 내가 책을 선물함으로써 너를 이렇게나 생각하고 있다는 마음을 드러낼 수 있어서 좋았다. 그게 전부였다. 그 외에는 바라는 것이 없었다. 그런데 막상 선물을 주고 난 뒤에는 처음의 마음은 온데간데없이 사라지고 돌아오지 않는 메아리에 서운했다. 화장실 갈 때와 나올 때 다르다더니. 마음이 갈대보다 더 흔들리고 더 오락가락한다. 다들 이렇게 말하지 않았던가. 오는 게 있으면 가는 게 있다고. 내 마음이 갔으니 네 마음도 내게 오길 바랐다.

하지만 애초에 친구의 의사를 묻지 않고 보낸 선물이었으니 이후에는 내가 신경 쓸 바가 아니었다. 선물이 마음에 들지, 시간을 내어 읽을지 말지를 결정하는 것은 친구의 몫이었다. 내가 책을 선물함으로써 친구에게 마음의 여유와 책을 읽을 시간을 함께 선물한 것은 아니었으니까. 그런데도 나는 내 마음대로 주고, 또 마음대로 돌아오지 않는 것을 서운해하는 요상한 원맨쇼를 하고 있구나 싶었다.

살면서 많은 것을 주고받는다. 때로는 물질을 주고받고, 때로는 마음을 주고받고. 주고받는 것이 익숙하다 보니 무언가를 받으면 줘야 할 것 같은 압박에 시달리기도 하고, 매번 주고만 있을 때면 받는 것을 기대하기도 한다.

그것은 마음 크기의 문제가 아니다. 마음이 작아서 받지 못하는 것에 서운함을 느끼고, 마음이 넓어서 받지 않아도 괜찮은 것이 아니다. 그저 사람이기에, 주고받는 것이 너무나 익숙하기에 주면 언젠가는 받을 때를 기대한다. 나도 모르게, 은근히.

부모 자식 관계도, 부부 사이에도, 연인 사이에도, 친구 사이에도 마찬가지다. 사랑과 관심과 애정이라는 이름으로 내 마음대로 마음을 보내놓고, 그것을 받아주지 않거나 받기만 하고 되돌려 주지 않으면 내심 서운해진다.

"내가 너를 어떻게 키웠는데", "내가 너를 얼마나 아끼고 사랑했는데"의 다음에는 '어떻게 나에게 이럴 수 있어?'라는 원망이 이어지고, 나는 이런 말을 주변 사람들에게 몇 번인가 들어본 기억이 있다. 마음이 풍요롭고 여유로울 땐 쉽게 줬던 마음이 가끔 이렇게 서운함이라는 감정으로 뒤통수를 친다.

세상을 살면서 너무 익숙해진 규칙이 있다. 바로 '등가교환의 법칙.' 내가 밥을 먹길 원하면 밥의 값어치에 해당하는 것을 지불해야 하고, 옷을 얻길 원하면 정당하게 옷의 대가를 지불해야 한다. 서로 상응하는 가치가 있는 것끼리 교환해야 문제가 발생하지 않는다.

어쩌면 이 등가교환의 법칙이 나도 모르는 사이에 인간관계에도 적용이 되었던 것은 아닐까. 그래서 이만큼의 마음을 줬으니 상대방도 내게 이만큼의 마음을 주길 바랐던 것은 아닐까. 주고서 받길 바라는 마음이 서운함이라는 감정을 만들어 낸 것은 아닐까.

그러나 마음이라는 것이 그 크기를 가늠할 수 있는 것일까. 내가 보낸 마음은 크고, 네가 돌려준 마음은 작다고 규정할 수 있는 방법은 세상 어디에도 없다. 그리고 그 마음의 가치는 값으로 매길 수도 없다.

마음이 흐르는 방향은 자기 마음대로이고, 마음이 흐르는 날도 자기 마음이다. 그래서 내게서 떠난 마음이 상대방에게 더 오래 머물 수 있고, 더 크게, 혹은 더 작게 다가갈 수도 있다. 내가 준 마음이 내가 아닌 다른 사람에게 전달될 수도 있다. 때로는 내가 마음을 주지 않은 누군가가 예상하지 못했던 마음을 주기도 한다. 그렇게 얽히고설켜서 이곳저곳으로 흐르며 주고받는 게 마음이다.

마음을 주고받는 것에는 등가교환의 법칙이 성립되지 않기에 하나를 줬다고 하나가 되돌아오지 않는다. 그러니 마음이 오가는 과정에 기대를 붙이지 말자. 내가 보낸 마음이 언젠가는 상대의 마음속에서 잘 자리 잡는다면 그것만으로 내가 보낸 마음은 제 역할을 다한 것이니까. 그것으로 이미 충분하다.

"마음을 줄 수 있는 누군가가 있다는 것만으로도
이미 내 마음은 부족하지 않게 가득 채워져 있어요."

인생의 인연을 대하는 자세

　나이를 먹으면서 이것저것 달라지는 것들이 생기지만, 그중 가장 미련이 남는 건 사람에 대한 것이다. 그 시절 서로밖에 몰라서 화장실 갈 때도 붙어 다녔던 친구들, 없으면 세상이 무너질 것만 같았던 연인들. 죽을 때까지 함께하길 기대했던 그들은 마치 그 정도만 함께하기로 계획되어 있었던 것처럼 한 시절을 머물다 내 인생에서 빠져나갔다.

　누군가는 자연스럽게 연락이 끊겨서, 누군가는 이제 함께하지 않기로 결정해서. 마음의 준비가 됐든 안 됐든, 혹은 내가 원했든 원하지 않든 인연은 다른 인연을 찾아 떠났고, 그 빈 공간에 머물며 쓸쓸해하고는 했다. 그리고 생각했다.

　'사람들에게 잘해야 하는데.'

지인은 그런 사람들을 시절인연이라고 불렀다. 시절인연도 인연이고, 시절인연을 통해서 뭐든 얻은 게 있으니 그것이면 이미 충분하다고 했다. 그가 말한 '시절인연'에는 한 시절을 함께하고 스쳐 간 사람들을 통칭하는 의미가 담겨 있었다. 그리고 시절인연을 대하는 그의 크지 않은 기대감도 함께 담겨 있었다.

봄이 가고 여름이 가듯 네가 가고 당신도 가고, 가을이 오고 겨울이 오듯 또 다른 네가 오고 당신이 왔다. 그래서 나는 혼자였던 적이 없다. 그저 어떨 땐 조금 더 많았다가 어떨 땐 조금 더 줄었을 뿐이다.

그럼에도 계속 이어지는 인연이 있다. 시절인연이 아닌 그들을 뭐라고 불러야 할까. 나를 끈질기게도 잘 버텨내고 있으니 거머리 인연? 아니다! 소중하고 감사하고 아름다운 그들이니 예쁜 이름을 지어주고 싶다. 내 인생 어느 순간에 들어와 지금까지 함께하고 있고, 앞으로도 그렇게 해주길 바라는 마음을 담아 '인생인연'이 어떨까.

최근 또 한 번의 이별을 경험했다. 언제나 그렇듯 인연들과의 이별은 공허하고 슬픈 일이라 되도록 이별하고 싶지 않았다. '사람을 소중히 해야 해. 사람을 함부로 대하면 안 돼. 벌 받아.' 나도 안다. 그래서 소중히 대했고 끊어내고 싶지 않은 사람이었다. 하지만 인연이라고 묶여도 다 같은 인연이 될 수는 없다.

학창 시절, 한 반에 마흔 명이 좀 안 되는 '친구'들과 함께했다. 나는 항상 의아했다. 친구란 내 마음을 터놓고 이야기할 수 있는 사람이고, 나를 위해 행동해주는 사람이고, 기쁠 때나 슬플 때나 기꺼이 서로 나눠주는 사람인데, 어떻게 반에 있는 모든 아이가 '친구'가 될 수 있을까.

서로가 주고받은 마음의 크기도, 심리적인 거리도 다른데 모두 다 친구라고 부르면, 진짜 친구들이 서운하지 않을까? 그래서 나는 그들과 진짜 친구를 구분하기 위해 어떤 친구들은 반 친구로, 어떤 친구는 단짝 친구라고 부르길 선택했다. 그리고 지금 내 옆에는 단짝 친구라고 부른 친구 몇 명만이 남아있다.

친구가 이런 것처럼 인연도 마찬가지다. 어떤 인연은 내가 애정 담은 이름으로 부르며 마음을 쏟아야 하는 인연이지만, 어떤 인연은 굳이 그렇게 하지 않아도 되는 인연이다.

최근 내가 떠나보낸 인연은 후자였다. 이 인연은 자꾸만 내게 무언가를 요구했고, 사실 자신을 위한 것이었음에도 나를 위하는 척했다. 마음과 시간과 노력을 야금야금 받아먹으면서도 또 다른 것을 달라고 했고, 그것을 줄 수 없다 할 때는 실망했다고, 변했다고 했다.

이 인연을 끊어내야 할까 고민했지만, 나만 생각하는 매정한 사람이 되고 싶지 않아서, 내가 좀 손해 봐도 된다고 생각해서, 그래도 괜찮을 때도 있었으니까 하며 이별의 통보를 유예하고 마음의 정리를 미뤘다.

그렇게 몇 년을 질질 끌어온 인연을 잘라내는 것은 대화 몇 마디, '그래. 그게 맞아' 하는 공감 몇 마디로 끝이 났다. 마음이,

무너져 내릴 것 같았던 마음이 생각보다 괜찮았다. 결국 참지 못한 나를 책망하며 후회할 줄 알았는데, 미련이 남을 줄 알았는데 오히려 후련했다. 십 년 묵은 체증이 내려간 기분이었다.

이별이 이렇게 담백하고, 이렇게 신속하고, 이렇게 아무렇지 않아도 되는 건가 싶었지만, 어떤 이별은 그래도 된다고 금세 수긍이 됐다.

이 인연엔 진심이 없었다. 내가 받은 마음 어딘가에는 구멍이 나 있었다. 그래서 마음 조각을 아무리 맞춰도 관계의 퍼즐은 완성되지 못했다. 의도와 진심을 가리고, 진짜처럼 꾸며 보낸 마음은 멋진 그림이 아니라 난해하고 괴상한 추상화였다. 그 괴상한 초상화를 보며 이해하려고 노력하고, 자꾸 괴로워하는 것보다 내다 버리는 편이 나았다. 적어도 나는 진심이었으니까. 미련이 남을 것도, 후회할 것도 없었다.

사람을 함부로 해서는 안 되지만, 인연은 소중히 대해야 하지만, 나를 거짓으로 대하는 인연에까지 내 마음을 주고 싶지 않다. 솔직히, 진심을 털어놓고 이야기를 나누는 관계가 될 때 일방적으로 주는 것도, 주고 또 주는 것도 가능한 게 내 마음이니까.

이제는 끝나버린 또 하나의 시절인연을 떠올리며 그 인연과 함께한 시간을 되돌아본다. 그리고 인연을 정리하며 더욱 단단해진 내 마음을 들여다본다. 그리고 다짐한다.

나의 인생인연들을 더 소중히 대하는 내가 되고 싶다고. 나를

인생인연으로 대해주는 사람과 앞으로도 아름다운 이야기를
만들어가고 싶다고.

"나를 진심으로 대하는 인연을 사랑하세요.
나를 소중히 대하는 사람에게 내 마음을 주세요.
내 마음은 헐값에 줄 수 있는 게 아니니까요."

"넘어진 아이에게 상처를 치료하고
용기를 북돋워 주는 시간이 필요한 것처럼
고민 속에서 허우적거리는 사람에게도
마음이 괜찮아질 시간이 필요해요."

Part 3

꿈의 달콤함을 잊은 너에게,

"꿈꾸는 낮은 밤보다 화려하다"

낮에도 꿈을 꾸나요?

　누구나 매일 밤 꿈을 꾼다. 잠이 들었어도 머릿속은 부지런히 움직이며, 깨어있을 때보다 더 선명하고 현실에선 상상해보지 못한 다양한 이미지를 보여준다. 영화를 보는 한 명의 관객이자, 영화 속 주인공이라는 1인 2역을 선보이며, 장르 불문, 역할 불문 한바탕 활약하고 나면 어느덧 아침이 되고 마침내 의식 세계로 돌아온다. 밤새 꿈을 꾸느라 피곤하지만, 깨어있을 때도 나는 꿈을 꾼다. 비록 무의식의 상태에서 꾸는 꿈과 비교하면 화려한 영상미나 몰입감 넘치는 스토리는 아니지만, 그래도 나는 매일매일 꿈을 꾼다.

　간혹 사람들을 만나면 당신의 꿈은 무엇이냐고 묻기도 하고, 내 꿈이 무엇인지 물음을 받기도 한다. 그러면 나는 대답을 할 당시 꿈꾸고 있는 것을 말해준다. 허무맹랑해 보이는 꿈이어도, 꿈이라고 이름 붙이기엔 너무 작은 꿈이어도 상관없다. 그 순간 꿈꾸고 있는 것은 오늘 내가 무엇에 집중하며 사는지를 알 수 있는 것이기에 기꺼이 공유한다. 그리고 대답을 들을 수는 없겠지만, 지금 이 글을 읽는 당신의 꿈이 무엇인지 묻고 싶다.

"당신의 꿈은 무엇인가요?"

나는 한때 대통령이 되고 싶었고, 발레리나가 되고 싶었고, 기자가 되고 싶었고, 작가가 되고 싶었다(그 밖에도 쓰지 않은 꿈들이 훨씬 더 많다). 어떤 꿈은 이뤄봤고, 어떤 꿈은 이루는 중이고, 어떤 꿈은 이룰 가능성이 요원해졌지만, 한때 내 마음을 뜨겁게 달궜던 수많은 꿈이 있었다.

지금 내 꿈은 '작가로서의 삶을 잘사는 것'이다. 글로 사람들과 소통하며 우리가 더 행복할 수 있도록, 선한 영향을 주는 그런 사람이 되고 싶은 것이 내 꿈이다. 그리고 그에 따라 줄줄이 사탕처럼 이어져 있는 내 꿈에 대한 이야깃거리가 남아있다. 어떤 작가가 되고 싶은지, 어떤 글을 쓰고 싶은지, 이루고 싶은 것은 무엇인지, 목표와 계획과 비전은 무엇인지 등등 말이다.

생각해보면 아주 오랫동안 '꿈'은 내 사전에 존재하지 않는 단어였다. 취업을 하면서부터 돈 버는 일에 급급해서, 먹고살아야 하는 것이 더 중요해서 꿈을 이야기하는 건 현실적이지 않은 사람 취급을 받기 쉬웠으니까. '내가 꿈꾸는 것은 이게 아닌데. 내가 하고 싶은 일은 이게 아닌데.' 이런 말을 할 때마다 들었던 말의 대부분은 "꿈이 밥 먹여 주냐? 정신 차리고 현실을 직시해"였다.

나는 글을 쓰고 싶었지만, 딱딱한 결재서류를 쓰고 싶지는 않았다. 내가 하고 싶은 이야기는 예산 좀 달라고 요청하는 글도, 사건의 경위가 어찌됐는지 경과를 보고하는 글도 아니었다. 그런데 이 나이가 되고 말았으니, 직장을 그만둘 용기가 없으니 꿈이라는 단어를 잊고 살았다. 그래, 세상에 꿈을 이루는 사람이 얼마나 된단 말인가. 현실과 타협하고 살아야지. 그렇게 나는 꿈을 잃었다. 아니, 꿈을 잊었다.

살기 위한 선택이었지만 아이러니하게도 그때의 나는 삶을 버티며 살아내고 있었다. 나는 태평양 한가운데 홀로 떠 있는 돛단배 같았다. 바람 한 점 불지 않고, 바닷물은 흐르지 않아서 이리 가지도 저리 가지도 못하는 돛단배, 육지나 섬 어느 것 하나 보이지 않는 시커먼 어둠 속에 떠 있는 돛단배. 꿈이 없고 꿈을 잃었을 때의 내 모습이 바로 그랬다. 언제나 일하느라 바빴지만 그 분주함 속에 비전과 목표가 없었고, 일을 이뤘을 때는 성취감과 기쁨을 느끼기보다 무사히 일을 마쳤다는 안도와 늘어지는 한숨을 내뱉기 일쑤였다. 오늘이 어땠는지 내일은 어떠할지, 내가 바라는 미래는 어떤 모습인지 인지하지 못한 채 야속하게 시간만 흘렀다.

도저히 이렇게 살고 싶지 않았다. 실패하든 성공하든 내가 하고 싶은 일을 하며 살겠다고 회사를 그만뒀을 때, 그리고 또 다른 일을 시작했을 때에도 우려의 시선은 여전했지만, 이제는 그런 시선에 굴복하지 않기로 했다. 다시 꿈을 찾고 나서 등댓불이 나를 향해 비추고 있음을 알게 되었으니까.

나는 사방이 어두운 망망대해에서 다시 보이기 시작한 희미한 등댓불을 따라 앞으로 나아갈 것을 선택했다. 물론 나아가는 동안에도 바람은 불고 바닷물은 일렁거렸다. 가끔은 역풍을 만나기도 하고 미역 줄기에 걸리기도 하지만, 그런 시련과 힘듦 앞에서도 내 인생의 의미와 재미와 행복을 비로소 느낄 수 있었다. 그 속에는 계획이 있었고 비전과 소명이 있었고, 치열했던 좌절과 짜릿한 기쁨이 있었다. 이제야 내가 삶을 살아내는 게 아니라, 삶을 살고 있음을 느끼게 됐다. 목표 없이 주어지는 대로만 살며 오늘을 무사히 넘기는 게 전부가 아닌, 내가 꿈꾸는 것을 이루기 위해 노력하는 삶. 목표와 비전이 있고, 그를 통해 행복과 즐거움과 만족감을 느끼는 삶. 다시 경험해보는 진정 살아있는 삶이었다.

꿈은 오늘의 내비게이션이자 내일의 방향이다. 꿈이 없는 밤은 숙면을 취할 수 있어 좋을지 몰라도, 꿈이 없는 낮은 무료하기 짝이 없다. 반대로, 꿈이 있는 낮은 꿈이 없는 낮보다 더 생생해지고 다채로워진다. 오늘 내가 해야 할 일, 내일 내가 해야 할 일, 더 멀리 한 달 혹은 일 년 뒤에 이루고 싶은 것들은 꿈이 있기 때문에 생기는 것들이고, 이들을 하나씩 이뤄가며 삶의 기쁨도, 행복도, 즐거움도, 성취도, 때로는 아픔과 쓸쓸함도 생기는 것이다.

우리에게 꿈이 있었으면 좋겠다. 그것이 직업의 이름이든, 삶의 모습이든, 위대한 소명이든, 소소한 목표든 뭐든 상관없다. 바라는 것이 없고, 심장을 뛰게 할 무언가가 없는 것보다 꿈이라고 지칭할 수 있는 무엇을 마음속에 품고 살면서 어제보다 나은 오늘을, 생기있는 하루하루를 보냈으면 좋겠다. 내 심장을 두근거리게 만드는 꿈을 꾸는 것을 시작으로 꿈에 대한 이야기를 조금씩 채우다 보면 우리의 꿈은 점점 더 구체적으로 되고, 더 추상적으로 되고, 더 입체적으로 될 것이다.

밤에 꾸는 꿈이든, 낮에 꾸는 꿈이든 모두 허무맹랑한 이야기라고 생각할지도 모른다. 하지만 낮에 꾸는 꿈은, 내가 원하고 행동한다면 언젠가는 내 손에 넣을 수 있는 꿈이다. 오늘의 나를 움직이게 하는, 언젠가는 반드시 이룰 꿈.

그리고 그 꿈을 이루고 나면 또 다른 꿈도 꿀 수 있다. 지금은 말하지 못할, 비밀스럽고 위대하며 아름다운 꿈을.

"심장을 두근거리게 하고,
삶을 다채롭게 만들어주는,
당신의 꿈은 무엇입니까?"

내 심장을 뛰게 하는 것이 있다면

글을 쓰는 것을 업으로 하면서부터, 왜 그 일을 하게 됐냐는 물음을 부쩍 받았다. 눈빛이 반짝거리는 것을 보면 그의 마음 어딘가에는 단순한 궁금증 이상의 어떤 호기심도 존재했으리 라. 생각해보면 이런 종류의 질문은 어디에서 무슨 일을 한다고 나를 소개했을 때는 들어보지 못했던 것이었다. 면접을 볼 때 면접관이 왜 우리 회사를 지원했냐고 물었을 때를 빼면 말이다.

나는 왜 아직은 어색한 작가의 길을 걷고 있을까. 글 쓰는 게 좋아서, 사람들과 소통하는 게 좋아서, 내 글을 좋아해주는 게 좋아서, 혹은 회사를 다니기 싫어서, 자유롭고 싶어서, 책을 사 랑해서. 수없이 떠오르는 이유들의 더미 속에서 한 문장을 찾아 내어 대답했다.

"이 일을 할 때 가슴이 벅차요. 모든 순간, 모든 의미로요."

요즘은 자신의 꿈을 가지지 못한, 내가 무엇을 잘하는지 혹은 무엇을 좋아하는지도 모르는 사람들이 많다는 이야기를 들을 적이 있다. 그래서일까. 그중 열에 다섯은 이렇게 말하고는 했다. 나는 뭘 좋아하는지, 뭘 잘하는지, 뭘 하고 싶은지 모르는데, 그래서 그걸 알고 있는 당신이 부럽다고.

좋아하는 것, 하고 싶은 것, 잘하는 것을 모르는 청춘. 내가 그런 사람이라는 게 죄는 아닌데, 어딘가 우울해 보이고 괴로워 보이는 사람을 보면 내 마음에도 그늘이 생긴다. 어쩌면 그들은 하나뿐인 인생을 무책임하게 살고 있다는 생각에, 자신에 대해 고민하지 않았다는 생각에 자신을 더욱 다그쳤을지도 모른다. 어렸을 때부터 꿈을 가지라는 말을 주야장천 들어왔으니, 꿈이 없는 누군가는 이렇게 살면 인생 낭비라는 생각으로 밤마다 쉽게 잠들지 못했을 것이다. 하지만 후회와 자책이 인생에 얼마나 큰 이로움이 있던가. 지금 우리가 선택할 방법은 그래서 나는 어떻게 할까를 고민하는 것이다. 그것이 지금 이대로에 머무는 게 아닌 다음으로 나아가게 하니까.

나는 뭘 좋아했을까. 나는 무엇을 잘했을까. 내가 진짜 하고 싶은 것이 무엇일까. 이런 질문을 던지고, 질문에 꼬리를 물어 계속 물어보다 어느덧 잊고 있었던 소중한 무엇인가를 발견하게 되었다. 아주 어렸을 때부터 간직해왔던 무엇인가를, 혹은 이런저런 이유로 자꾸 뒤로 미뤄뒀던 무언가를. 그 꿈을 위해 노력하는 하루는 단순히 행복하다는 단어로 설명할 수 없는 그 이상의 강풍이었다.

그런데 또 여기서 훼방꾼이 등장했다. '그게 진짜냐'고 묻는 의심의 눈초리. 글 쓰는 게 좋으니까 이제 글을 쓰겠다고 결심한 나에게 슬쩍 다가와서는, '네가 글 쓰는 거 좋아한다는 게 사실이야? 지금 일이 싫어서 좋아하는 척하는 거 아니고?' 하면서 의심을 불러일으키고 간 것이다.

무언가를 시작한다는 건 두려운 일이고, 안정적인 일상에 다른 어떤 것을 추가하는 건 번거로운 일이기에 마음이 자꾸 훼방을 놓는 것이다. 그러나 여기서 멈추면 또다시 예전의 나로 돌아가게 될 것이라는 것을 알고 있기에, 그런 의심의 눈초리에 굴복할 수 없었다. 그래서 내게 이렇게 말했다.

'그래, 그럴 수 있어. 하지만 우리 여기서 다시 주저앉지는 말자. 참 오랜만에 내 진짜 마음을 알아챘는데 금방 귀 닫아버리고 눈 감아 버리지는 말자. 그것은 어렵사리 찾은, 내가 좋아하는 것에 대한 가치를 평가절하하는 것이니까.'

세상에는 1만 2천여 가지의 직업이 있다고 한다. 물론 좋아하는 것, 하고 싶은 것이 무조건 직업으로 귀결되는 것은 아니지만, 일단 그렇다는 가정하에 이야기를 해보자면, 이렇게 많은 일들 중에 한 가지가 불쑥 마음속에 솟아난 것은 1만 2천 분의 1의 가능성을 뚫고 나온 것이다. 확률에서야 그렇다 치더라도 인생에서 가치 있는 일로 비교해보면 이것은 로또 1등 당첨이

나 즉석 복권 당첨과는 비교할 수도 없는 의미 있는 일이다.

사실 내 마음속에 하고 싶은 것을 마주할 확률은 그리 흔한 확률도 아니다. 인간의 머릿속에서는 하루에 수많은 생각이 떠올랐다 사라진다. 그중 어떤 생각은 의식조차 하지 못한 채 사라진다고 한다. 생각의 홍수 속에서 살아남아 인식된 그 어떤 생각은 분명 의미 있는 것이다. 내가 나를 돌아보고, 나에 대한 답을 찾기 위해 질문을 던져서 떠오른 생각이라면 더더욱 그렇다.

단 1%라도 내 심장을 뛰게 만든다면 그것은 내 심장을 뛰게 하지 못하는 수백, 수천, 아니 수만 가지 생각들보다 더 의미 있고 소중한 것이다. 아주 작은 것이라도 눈빛을 반짝거리게 만들고 삶에 활력을 주는 것이 있다면, 그것은 아무런 감흥 없이 스치고 지나간 숱한 일들보다 백 배, 천 배 가치 있는 일이다. 그러니까 그런 소중하고 의미 있고 가치 있는 일을 마주할 때 의심의 목소리가 들려온다면 과감히 볼륨을 줄여놓자. 아니, 아예 전원을 꺼두어도 좋다. 그리고 아주 작게 고개를 든 그 생각을, 그 마음을 잘 키워주길 바란다. 그 작은 마음이 뿌리를 내리고 싹을 틔워서 나무가 되고 꽃이 피고 열매를 맺게 될 때까지.

그럼에도 불구하고 무엇을 해야 할지 고민되고, 내가 지금 하고 싶은 것이 정말 하고 싶은 게 맞을지 걱정하며 여전히 두려워하는 당신에게 드라마 〈응답하라 1988〉에 나왔던 대사 하나를 들려주고 싶다.

"정봉 씨 하고 싶은 거 하세요. 잠잘 때조차 생각나는 거."

"1%라도 내 마음을 뛰게 하는 것이 있다면
그렇게 해보는 거예요.
사소한 시작, 작은 성과, 소소한 기쁨이
우리의 미래를 크게 바꿀 테니까요."

더 멋진 내가 되는 방법

"너의 장미꽃이 그토록 소중하게 된 것은 네가 그 꽃을 위해 공들인 시간 때문이야."

《어린 왕자》 중에서

여우가 어린 왕자에게 말했다. 들판에 아름답게 핀 수천 송이의 장미보다 단 한 송이의 장미가 더 소중하게 다가오는 이유는 공을 들인 그동안의 시간이 있기 때문이라고. 좋고 가치 있어서가 아니라 오랜 시간 쏟아부은 노력과 마음이 좋고 가치 있게 만든다고 하지만 내게는 진득하게 이어갈 끈기도, 더 쏟아부을 시간이 없었다. 그리고 무엇보다 귀찮고 번거롭고 고통스러웠다.

세상엔 오늘보다 괜찮은 내일을 맞이할 방법과 더 나은 내가 되는 방법과 성공할 수 있는 방법들이 넘쳐나지만, 어린 왕자가 장미에 보인 애정과 투입한 시간이 내게는 없었다. 작심삼일. 마음먹은 것은 삼 일밖에 못 간다는 옛말이 괜히 생겼을 리 없다. 거봐, 난 정상이라니까.

새벽 6시 기상하기, 하루 30분 운동하기, 매일 글쓰기, 건강하게 식사하기. 이것들은 내가 가지고 싶었던 습관이자 실패로 돌아간 목록들이다. 어느 순간 원상복구된 나를 보며 스스로 작심삼일의 덫에 걸렸음을 어쩔 수 없다고 규정하면서도, '그래서 어떻게 할 건데?'라는 질문은 던지지 않았다. 그러나 나는 여전히 변화하고 싶고, 조금씩 나아지고 싶고, 내게 딱 맞는, 그러면서도 내가 더 잘 살 수 있게 도와줄 습관을 들이고 싶다.

어제보다 나은 오늘의 나. 그리고 오늘의 나보다는 나은 내일의 나. 그렇게 조금씩 나아지는 내가 살아갈 미래를 위해 이대로 포기할 수는 없다. 어떻게 하면 어제의 나에게 지지 않는 내가 되기 위한 노력을 지속할 수 있을까. 이제부터는 더 나은 내가 되기 위한 습관을 만드는 방법이다.

먼저, 내 것으로 만들고 싶은 습관을 적어두고, 주변 사람들에게 공표한 뒤, 그렇게 할 때마다 보상을 하는 것이다. 행동주의 심리학자 스키너의 이론에 따르면 사람의 행동을 강화하는 데에는 보상과 처벌이 영향을 미친다. 긍정적으로 행동했을 때는 긍정적인 보상을, 그렇지 않았을 때는 부정적인 보상을 하거나 긍정적인 것을 제하는 것이다. 그렇게 하면 내가 바라는 행동을 할 때마다 좋은 기억이 쌓이고, 그렇지 못한 행동을 할 때에는 부정적인 기억이 쌓여 교정 효과를 볼 수 있다는 것이 그의 말이었다. 동의한다. 무엇보다 보상은 지속하는 데 동기가 되니까.

또 다른 방법은 아주 사실적인 내 모습을 관찰하는 것이다. 브이로그를 찍듯 촬영을 하거나 주변 사람의 도움으로 자신에 대해 이야기를 들어볼 수도 있다. 있는 그대로의 나를 관찰하는 방법은 강력한 동기 유발 요소가 된다.

어렸을 때 주의가 산만했던 나는 이런 산만함을 인지하고는 있었지만, 고쳐야겠다는 생각은 하지 못했다. 그런데 어느 날, 남편이 찍은 동영상을 보면서 산만하기 짝이 없는 내 행동을 그대로 목격할 수 있었고, 그 길로 의식하며 부산한 행동을 교정하기 시작했다. 객관화해서 나를 바라보는 것은 처음엔 다소 충격일 수도 있지만, 그만큼 효과적으로 동기를 얻을 수 있다.

세 번째 방법은 생각과 조건이 길어지기 전 무조건, 바로, 움직이는 것이다. 습관을 새로 만드는 것은 지금의 나와 달라짐을 의미하고, 익숙한 것에서 익숙하지 않은 것으로 옮겨감을 의미한다. 그러면 안주하길 좋아하는 마음이 온갖 유혹의 소리로 마음을 흔들 것이다.

"그렇게까지 안 해도 잘 살아왔는데, 뭐하러 사서 고생이야? 지금도 충분해. 아니면 일주일 후에 시작할까?"

이런 유혹의 목소리에 빠져들기 전에 뒤도 돌아보지 말고 시작해보자. 문제가 생긴다면 그때 보완하면 되니까. 예를 들면, 아침 일찍 일어나 매일 독서하기, 글쓰기 습관을 들이고 싶다면, 일어나자마자 이불을 정리하는 것으로 하루를 시작해보자. 이불을 정리하면서 하루가 시작되었음을 인식하고, 소소한 성취감을 느낄 수 있다. 그런 다음에는 물 한 잔을 마시고 커피를 탄다. 커피를 마시며 독서를 하고, 독서가 끝나면 글을 쓴다. 이렇게 동작과 다음 동작이 자연스럽게 이어질 수 있도록 루틴화하면 글을 쓰기 위해 그냥 책상에 앉았을 때보다 저항감 없이, 자연스럽게 글을 쓸 수 있다. 어렵지 않게 습관이 만들어지는 것이다.

마지막으로, 여러 가지 시도해보았지만, 의지가 생기지 않아 자꾸 실패한다면 사람을 모아서 함께 해보자. SNS, 카페, 블로그 등에서 뜻하는 바가 같은 사람들을 모아 매일 수행 여부를 인증하는 것이다. 그러면 함께하는 사람들과 의지할 수 있어서 포기하고 싶은 순간에도 힘을 얻을 수 있고 동기부여를 받을 수도 있다.

그렇게 나는 첫 번째 책의 원고를 완성했고, 두 번째 책의 원고까지 마무리했다. 뿐만 아니라 매일 진행 상황을 공유하며 독서와 글쓰기라는 습관도 형성할 수 있었다. 대신 이런 장기간 성과를 내야 하는 프로젝트를 할 때는 하루나 이틀 정도는 쉬는 날을 마련해두는 것이 좋다. 쉬는 동안 에너지를 비축해야 다음을 기약할 수 있기 때문이다.

몸에 좋은 약은 입에 쓰다고, 좋은 습관을 몸에 익숙해질 때까지 유지하는 것에는 고통이 따른다. 하지만 그 뻔히 보이는 고통의 길을 걸어가리라 다짐한 나를, 그리고 당신을 응원한다. 그 발걸음이, 삼 일이 아닌, 삼십 일, 삼백 일, 삼 년 동안 이어지길 응원한다. 훗날 더 멋진 모습의 우리를 그리며.

"나를 가꾸는 일은 정말 멋진 일이에요.
하지만 그만큼 힘이 들겠지요.
그래도 분명 해내리라 믿어요.
그러고 나면 여우가 이렇게 말해주지 않을까요?
네가 그 누구보다 멋진 이유는
더 괜찮아지기 위해 네가 공들인 시간 때문이라고."

여전히 실패가 두려운 나에게

실패는 언제나 무섭다. 사실은 그렇다. 실패는 내 인생을 망가뜨리는 운명의 얄궂은 장난이었고, 그 나락에 떨어졌을 때 나는 쉽게 헤어나오지 못하고 허덕이고 있었다. 제발 이 순간이 빨리 끝나길 기도하고, 때로는 어찌할 방법을 모르는 실패 앞에서 굴복하기도 하면서. 나를 주눅 들게 만들고, 때로는 나아가길 주저하게 만들기까지 했던 실패의 순간은 도대체 어떤 것이었을까.

3년 동안 준비했지만 합격하지 못한 공무원 시험, 없으면 죽을 것만 같았던 연인과의 이별, 친구와의 다툼. 그리고 또, 거금을 들여 산 옷을 다음 해 입으려고 보니 작아져서(내가 살이 찐 것이 아니라 옷이 줄어든 것이라고 주장해본다) 못 입게 되었을 때,

다이어트를 위해 밥을 굶고 운동도 했는데 살이 1kg 더 쪘을 때. 이런 자잘하고 지금은 별것 아닌 것들도 실패의 연장선상에 놓여있었다.

내가 실패라고 규정하는 정의에 부합하는 것들이, 그러니까 내 뜻대로 되지 않고, 내가 원하는 결과물을 얻지 못했을 때는 너무나 많다. 그것들이 사실 실패였든 아니었든 상관없이 나는 스스로 실패라고 낙인찍은 이런 것들을 통해 실패에 대한 두려움을 점점 키우고 있었다. 그래서였을까. 실패의 순간을 내 인생에 초대하고 싶지 않았다. 그것은 언제나, 내 인생에 어느 날 문득 예고 없이 찾아온 불청객일 뿐이었다. 불청객을 초대하지 않는 방법은 무엇이든 열심히 하는 것. 노력하고 또 노력해서 어떻게든 해내는 것. 그것이었다.

그랬던 생각이 점점 바뀌었다. 많은 책을 읽으며, 그리고 내 마음을 솔직하게 글로 옮기며 실패에 대한 생각을 바꿨다. 실패의 나락에서 벗어나자고 생각했고, 실패로 인해 받은 상처를 치료하면서 실패라는 것에 대한 나름의 정의를 내렸고, 의미를 찾았다. 그러고 나니 실패라는 것과 제법 사이가 가까워졌다고 생각했다. 실패의 순간이 찾아오더라도 흔들리지 않을 것이라고 생각했다. 물론 이것도 어디까지나 실제로 '실패할 수도 있겠구나' 하는 생각이 나를 다시 찾아오기 전까지의 이야기였지만 말이다.

실패가 다시 나에게 다가왔을 때, 정확히 말하면 실패할지도 모른다는 공포심 앞에 무방비하게 놓여있었을 때, 그 순간은 영화 〈내가 죽기 전에 가장 듣고 싶은 말〉에 나오는 주인공 앤의 사연과 너무 닮아 있었다.

앤은 신문사에서 사망 소식 전문(?) 기자로 일한다. 하지만 그녀의 꿈은 그런 일을 하는 것이 아니었다. 에세이를 쓰는 작가가 되는 것. 그것이 그녀의 진짜 꿈이었지만, 그녀는 자신의 꿈을 이루지 못했고, 그런 자신의 상황을 못마땅해하며 실패를 두려워하는 시간을 보낸다.

나 역시 실패에 대한 공포가 찾아왔을 때, 앤처럼 내가 하고 싶은 일을 하지 못하고 사는 것은 아닌지 두려웠다. 아니, 정확히 말하면 내가 하고 싶은 일을 하며 사는 동안 변수가 생기지는 않을까 걱정했다. 간만에 찾은 기쁨과 행복이 쭉 이어지길, 이 삶이 평탄하길, 문제없길, 그래서 이 길을 선택한 것에 후회하지 않길 바랐다. 그렇게 나는 행복한 동안에도 행복을 온전히 누리지 못하고, 불안이 끌어당기는 대로 끌리고 불안이 밀쳐내는 대로 거리를 두며 불안을 만끽하고 있었다.

실패에 대한 걱정을 어떻게 떨쳐버릴 수 있을까. 실패를 어떻게든 완벽하게 해결하고 싶은 내게 같은 영화의 또 다른 주인공 해리엇의 대사가 답이 되었다. 실수가 두려워 걱정하고 있는 앤에게 해리엇은 이렇게 말한다.

"네가 실수를 만드는 것이 아니야. 실수가 너를 만드는 거야. 실수는 널 더 강하고 자립적으로 만들어. 앞으로 크게 자빠져.

실패해. 아주 어마어마하게 실패해봐."

해리엇의 조언을 들은 앤은 조금씩 도전하며 자신의 삶을 사는 노력을 한다. 해피엔딩이다. 이 정도면, 누군가에게는. 그러나 나는 아직도 가끔 실패가 두렵다. 이런 나에게 무슨 말을 해줄 수 있을까. 어떤 말을 해야 실패를 걱정하지 않고 더 몰입하며 뛰어놀 수 있을까.

실패는 자신이 실패라고 규정하는 순간 실패가 된다. 그러므로 내가 실패로 생각하지 않는 일은 절대 실패가 되지 않는다. 설령 내가 실패로 규정했다고 해도 그 과정에서 무엇이든 의미 있는 가르침을 얻었다면 그것으로 이미 충분하다. 그러므로 쓸모없는 일은 절대 아니었다. 실패의 순간이 찾아와도 포기하지 않는다면 잘 이겨낼 수 있을 것이다.

실패를 떠올리며 나에게 힘이 되었던 생각들을 끄집어냈지만, 안타깝게도 지금까지의 내 이야기는 해피엔딩이 아니다. 그 생각들에게서 힘을 얻다가도 또다시 문득 찾아오는 불안감을 느끼고 있으니까. 하지만 그렇다고 해서 완벽한 새드엔딩도 아니다. 나는 그럼에도 주저하지 않고 조금씩 앞으로 걸어가고 있으니까. 그렇게 지내다 보면 어느 순간 실패에 대한 두려움을 느끼지 않을 때가 분명 올 것이라고 믿으니까. 그리고 또 하나, 설령 두려움이 찾아온다고 하더라도 그것을 이겨낼 나만의 답을 분명 찾을 거라고 믿으니까. 어느 날 찾아오는 두려움의 순간, 그것을 가볍게 해소하고 금방 평온해질 수 있는 마법 버튼

같은 그 문장을.

"실패해서 괴로운 순간,
실패할까 봐 두려운 순간
나에게 들려줄 나만의 이야기는 무엇인가요?
나를 든든하게 지켜줄 그 말 한마디를
부디, 가지고 있으면 좋겠어요."

잘하는 것보다 하는 것

잘하고 싶은 것이 넘쳐나는 세상이다. 공부를 잘하고 싶고, 돈을 잘 벌고 싶고, 노래도 잘 부르고 싶고, 옷을 잘 입고 싶고, 잘살고 싶고, 잘 먹고 싶고, 잘생기고 싶고, 사람들과 잘 지내고 싶고, 게임마저도 잘하고 싶다. 특히 나는 글을 잘 쓰고 싶다.

'잘'의 의미가 미묘하게 다르지만, '잘'을 붙여서 표현할 수 있는 것이 이렇게나 많았다니. 쓰다 보니 잘하고 싶은 것이 넘쳐나는 세상이 맞는 것 같으면서도, 한편으로는 잘하고 싶은 것이 많은 나의 속성을 마주한 것이 아닐까 싶기도 하다.

'잘'. '익숙하고 능란하게, 옳고 바르게, 좋고 훌륭하게'라고 정의된 이 단어가 있어 참 아쉽다. '잘'만 없었으면 그저 하는 것으로 만족하고 끝낼 수 있었을 것을. '잘'이 있는 세상에 태어나 괴롭기 짝이 없다. 여하튼 '잘'이라는 단어 때문에, 나처럼 욕심 많은 수많은 영혼이 괴롭다. 자꾸 더 잘하라고 다그치고, 왜 남들보다 못하냐면서 비교를 하게 되니까.

볼링에 익숙하지도, 능란하지도 않은 내가 팀 대항전 선수(?)로 나섰을 때의 일이다. 볼링을 좋아하는 남직원들은 월등히 실력이 좋은 사람을 제외하면 점수가 비슷하니, 팀의 승패는 의무적으로 참여하게 된, 깍두기 마인드를 가진 여직원의 점수에 의해 결정됐다. 그런데 대강 던지고 들어오겠다는 생각으로 어쩔 수 없이 출전한 내가 사고를 치고 말았다.

평소 거터(이른바 도랑)에 공이 빠지던 실력은 어디 가고, 그날따라 '핀 사이로 막 가' 모드를 버리고, 볼링핀 추적 장치를 단 듯 완벽한 스페어 처리까지 해낸 것이다. 그리고 정점을 찍은 대망의 스트라이크. 그런데 스트라이크의 기쁨을 누리는 것도 잠시, 다시 내 차례가 되었을 때 팀원들의 압박 같은 응원이 이어졌다.

"이번에 잘해야 해. 점수가 더블이야!"

뭔 말인지 모르겠다. 그래도 일단 점수를 더 준다고 하니 잘해야 하는 타이밍이라는 것은 눈치로 알 수 있었다. 라인 앞에 선 나는 또 한 번의 요행을 바라며 공을 굴렸다. 그런데 얼마 지나지 않아 민망한 상황이 연출됐다. 볼링공이 일찌감치 거터로 빠져 굴러가고 있던 것이다. 젠장, 잘해야 하는 타이밍에 이게 뭔 망신이란 말인가. 민망한 마음에 자리에 돌아와 가만히 생각해보니 욕심을 부리지 않고 마음을 비우고 굴렸으면 4개는 쓰러졌을 볼링핀이, 힘을 잔뜩 넣은 볼링공 앞에서는 쓰러지지 않고 굳건히 버티고 있었던 것은 아닐까 하는 생각이 들었다.

평소대로 했으면 적어도 4개, 운이 좋으면 6개도 쓰러트릴 수 있었는데, 잘하려고 하면 어느 순간 힘이 들어가고, 힘이 들어가니 평소에 하던 것만큼도 안 됐던 것이다.

'잘'하는 것은 무엇일까? 완벽한 것? 남들보다 뛰어난 것? 아니면 내가 만족하는 정도까지 이루는 것?

많은 답을 내어 보고, 각기 다른 기준을 내세워 '잘'을 정의해 봐도 사실 답은 미정이다. '잘'이라고 판단하는 사람에 따라 잣대가 일정하지 않으니 말이다. 완벽하다는 것은 판단하는 기준이 주관적이고, 남들보다 뛰어나다는 것은 비교 대상이 누구냐에 따라 결과가 달라지며, 내가 만족하는 것 역시 그날의 상태에 영향을 받아 일관성이 떨어지니, '잘'을 일관된 잣대로 판단하기란 어려운 일이다. 그렇다면 그토록 바랐던 잘하는 것이란 애초에 신기루 같은 것 아니었을까.

'잘'하고 싶은 것들의 홍수 속에서, 잘하는 것의 의미조차 모호한 아이러니 속에서 또 다른 질문을 던져본다. 굳이, 왜, '잘' 해야 하는 걸까. 무엇을 어떻게 해야 잘하는 것일까. 우리에게는 언제나 비교 대상이 있다. 내 친구, 가족들, 지인들, 잣대와 기준들, 바라는 수준, 그리고 과거의 나까지도 어김없이 비교 대상이 된다. 그 속에서 그런 것들을 뛰어넘기 위해, 극복하기 위해, 아니면 앞서 나가기 위해 잘하기를 선택한다.

하지만 매일 비교가 반복되는 삶을, 나는 차라리 전투나 대회라고 말하고 싶다. 삶을 사는 삶이 아니라 매일 전투가 반복되는 삶. 인간으로 태어나 한바탕 살다가는 삶이 아니라 선수로 태어나 한바탕 경기만 벌이고 가는 삶. 그것이 잘하는 것의 지옥에 빠져버린 우리의 모습이 아니었을까. 그러나 인간으로 태어나 선수, 병사, 혹은 경쟁자 모드로만 살아가는 것은 너무 슬프고 괴로운 일이다. 즐거울 삶을 고통 속으로 밀어 넣는 일이다. 가끔은 경쟁이나 전투 모드를 끄고 가벼운 마음으로 살 수는 없는 것일까.

'잘하는 것'보다 중요한 것은 '하는 것'이라는 것을, 하지도 못하면서 잘하는 것을 목표로 하는 것은 하는 것마저 못하게 만든다는 것을, 가끔은, 아니 가끔보다 더 종종 생각했으면 좋겠다.

만약 내가 지금 할 수 있냐, 없냐의 기로에 놓인 상황이라면 잘하는 것보다는 하는 것을 목표로 하면 어떨까. 그리고 그렇게 하길 시작했다면, 잘하기 위해 욕심내기 전에 내 페이스대로 해보는 것이다. 남들의 속도가 아닌 내 속도대로 했을 때, 평정심과 항상성을 유지할 수 있고, 그래야 부자연스럽게 들어간 힘을 빼고 온전히 능력을 발휘할 수 있다. 그리고 꾸준히 하는 행위가 반복되었을 때, 그때가 되면 익숙해지고 능란해진 실력을 발휘하는 것으로 목표를 조금 더 위로 올리면 된다.

"뭐든 잘하고 싶다는 욕심으로 자신을 괴롭히지 마세요.

잘하는 나보다 하는 나를 인정해주면

언젠가는 힘을 들이지 않아도 잘하는 나를 맞이하게 될 테니

까요."

과거의 나 앞에서 좌절하지 말기를

살 3kg 빼기, 토익점수 올리기, 소원疏遠했던 친구들과 만날 약속 잡기, 묵혀뒀던 일 해결하기. 12월에는 계획들이 쏟아진다. 어딘가 익숙한 계획들. 작년에도, 재작년에도, 심지어 11개월 전에도 했던, 유행가의 후렴구처럼 반복되는 낯익은 계획들이다. 한해를 한 달 남겨둔 나도 남들과 다르지 않았다. 지난 11개월 동안 혹은 몇 년 동안 해결하지 못했던 일을 초인적으로 해결하기 위한 그럴싸한 계획을 세우고 이번에는 분명 과거와 다를 거라고 다짐했으니까.

아무 근거 없이 12월의 나는 이전의 나와 달랐다. 현실의 나야 그동안 어찌 살아왔든 그것은 의미 있는 증거가 아니었다. 나에겐 12월 효과가 있었고 12월의 버프(게임에서 캐릭터의 능력을 일시적으로 향상시키는 효과)가 있었다. 데드라인에 임박하면 리포트가 더 잘 써지고, 집중력이 높아지는 것처럼 12월의 효과를 받은 나는 지난 11개월 동안 하지 못한 일일지라도 분명 해낼 수 있을 것이었다. 벼락치기 신공을 발휘하듯 뭐든 할 수 있을 것이라는 강한 믿음. 그것이 12월의 효과이자 12월의 버프였다.

연말에 계획을 쏟아내는 마음은 이런 것 아니었을까? 무언가를 이루며 한 해를 마무리하고 싶다는 바람, 오늘의 나는 어제의 나보다 나을 것이라는 기대, 마지막 달만이라도 잘 보내고 싶다는 희망이 모여 12월의 계획들을 쏟아낸 것은 아니었을까?

어쩌면 삶을 사랑하는 우리이기에 이대로 올해를 보낼 수는 없었을 것이다. 조금이라도 더 결실을 맺고, 조금이라도 더 나은 상태로 올해를 보내고 새해를 맞이하는, 조금 더 나은 내가 되고 싶었을 것이다. 그러나 바람이고 기대이고 희망이라고 했지만, 뒤집어보면 욕심이고 착각이고 미련이 아니었을까? 올해가 가고 새해가 오는 것은 또다시 해가 떠오르는 것임에도, 편하자고 만들어놓은 시간의 프레임 속에 갇혀 조바심이 생기고, 무엇이든 해야만 마음이 편해지는 습관 때문에 욕심이 생기는 것이다.

12월의 효과, 12월 버프는 그동안 태우지 못했던 의지와 에너지를 끌어모아 불태우는 것임에도 마치 실제로 있는 것 같은 착각마저 생긴다. 그래서 내 마음은 12월에 미련을 버리지 못하고 희망의 끈을 이어붙인 채 조금이라도 그럴싸한 마무리를 원하며 12월의 계획들을 쏟아낸 것이었으리라. 그동안 이렇게 살아온 내가 달력 한 장 뒤로 넘어갔다고 180도 바뀐 인간이 될 리도 만무한데 말이다.

'그러게, 진작 좀 그렇게 하지, 쯧쯧쯧.' 방학이 끝날 무렵이면 한 달 치 일기를 몰아 쓰고, 탐구생활을 번갯불에 콩 구워 먹듯 해치우는 나를 보며 어머니께서는 저렇게 말씀하셨다. 어머니의 말씀이 백 번 맞고, 천 번도 맞다. 하지만 모름지기 일기란 몰아서 써야 매일 똑같은 내용을 반복하지 않게 쓸 수 있고, 과제란 밀려서 해야 탁월한 집중력으로 시간 대비 훌륭한 성과를 얻어낼 수 있는 것 아니란 말인가. 이렇게라도 하는 정성을 우선 좀 인정해주면 안 되는 것일까.

미리미리 하고, 차근차근 하는 것이야 매우 좋은 일이지만, 앞에 말한 탁월한 집중력 어쩌고야 다 아전인수 하고 있는 것이라는 것도 이미 알고 있지만, 그렇지만 모두 욕심이고 착각이고 미련이라는 말로 12월의 나에게 기대를 거는 마음을 깨고 싶지는 않다. 그렇게 함으로써 나는 조금씩 앞으로 걸어가고, 조금씩 나아질 테니까. 아무것도 안 하는 나보다 무엇이라도 하길 선택한 나를 격려하며, 무엇이라도 하는 행위가 언젠가는 꾸준히 하는 행위로 변화되길 바란다. 지금은 아직 과도기라고 생각하자.

사실 지난 11개월의 나에게도 이유는 있었다. 해야 하는 일이 너무 많아서 시간이 없었고, 몸은 피곤했고, 욕망은 의지보다 강력했고 등등. 나도 안다. 지난 시간, 이성과 본성 사이에서 번뇌하고 투쟁하며 분주했던 마음을. 역시 이번에도 해내지 못했다며 자책하지만, 그런 마음을 용케 다스리며 다시 한번 더 내게 기회를 준다. 그리고 또 한 번의 믿음을 준다.

'이번에는 정말 해내자. 난 할 수 있어.'

그래서 12월의 계획을 쏟아낸 나를, 나와 같은 당신을 응원한다. 열심히 살길 선택한 사람의 마음이라면, 조금 더 성장하길 바라는 마음이라면 열 번이고 천 번이고 그 다짐을 꼭 이루길 응원한다. 12월의 계획은 1월의 계획과는 다르길. 아무리 작심삼일이라지만 삼 일에 또 삼 일을 더하며 새해 소망이었던 12월의 소망을 조금이라도 이루길. 그리고 이 성취의 기쁨이 새해를 맞이한 우리에게 좋은 밑거름이 되길.

마지막으로 하나 당부하고 싶은 것은 12월의 계획이 12월 효과를 보지 못해 이뤄지지 않더라도 좌절하지 말기를. 그 일이 지난 몇 년간, 지난 몇 달간 이룰 수 없었던 나름 사연 있는 것이었음을 기억한다면 결코 좌절할 이유가 없으니 말이다.

어떻게 12월을 마무리했든, 어떻게 1월을 맞이하든 중요한 것은 그것을 떠나보내고 받아들이는 내 마음이니까. 더 나아가길 바라는 그 마음이야말로 많은 계획의 시행착오 끝에 이뤄낸 성과일 테니까. 그 마음과 성과로 조금씩 나아지는 우리가 되어 있길 그려본다.

"당신은 이미 많은 것을 이뤘습니다.

이루지 못한 서너 개보다

이미 이룬 것들을 생각해보세요.

나만의 속도로, 더디 가도 괜찮습니다."

낙관의 힘을 믿을 것

고민이 있어 친구에게 속마음을 털어놓은 날, 친구는 한참 내 말을 듣다가 이렇게 말했다.

"그래도 넌 할 수 있을 거야. 힘내!"

친구가 왜 그렇게 생각하는지 이유를 물어보지는 못했다. 그 때는 그 말이 힘이 됐고, 나를 믿어주는 친구의 마음이 매우 고 마웠으니까. 그런데 불행하게도 결과는 친구의 말과 달랐다. 결 국 나는 하지 못했고, 다시 좌절의 늪에 빠졌다. 그런 나를 보며 친구는 여전히, "아니야, 널 믿어. 넌 할 수 있어"라고 말했다. 이쯤 되자 친구에게 서운했다. 지금 내 상황은 너무 심각한데 친구는 자기 일이 아니기 때문에 가볍게 생각하는 것이 아닌가 싶었다.

'그런 번지르르한 말은 누구라도 할 수 있는 거 아니야?'라는 말이 튀어나오려는 것을 겨우 참았지만, 서운한 감정은 한동안 앙금이 되어 내 마음에 남아있었다.

"글쎄, 잘 모르겠어. 두려워. 걱정돼. 나는 못 할 것 같아."

두렵고 불안한 마음에 털어놓은 하소연이자 진심 아닌 진심. 너무도 쉽게 듣는 일상 속 언어다. 이런 말에 사로잡힌 사람들에게 긍정적으로 생각하고, 낙관적으로 행동하라고 조언하면 효과가 있을까. 친구의 말을 들었을 때의 내 반응처럼, '그걸 내가 몰라서 이러고 있나. 남 이야기라고 편하게 하는 거지'라는 생각에 반발심이 생기지는 않을까.

그도 그럴 것이, 잘 되는 사람들 이야기는 왜 그렇게 기적 같은지. 마치 딴 나라 이야기 같고 현실성도 없다. 실패를 되뇌다 보면, 분명 누군가는 이룬 이야기여도, 내 이야기는 절대 될 수 없는 영웅 대서사시처럼 느껴진다.

하지만 또 나는, 어느 때는 입장이 바뀌어 잘할 수 있을까 고민하는 누군가에게 될 거라고 말하고, '안 돼'만 외치는 사람에게 '괜찮아'라고 말하고, '될까?' 하며 의심하는 사람에게 '될 거야!'라고 말하고, '못 하겠어'라며 주저하는 사람에게 '할 수 있어!'라고 말한다. 누군가는 이런 것들을 정신승리라고 하고 근거 없는 자신감이라고 하지만, 나는 그 말에 동의할 수가 없다.

어느 날 동영상을 보다가 신기한 것을 알게 됐다. 동영상 속 여자는 농구를 해본 적이 없었다. 진행자는 여자에게 농구공을 주며 자유투를 해보라고 한다. 물론 공은 링을 통과하지 못한다. 다음에는 여자의 눈을 가리고 자유투를 해보라고 한다.

'눈을 뜨고도 성공하지 못하는데 눈을 가리고 한다고? 말도 안 돼. 절대. 불가능한 일이야.' 내 머릿속 이성이라는 녀석이 이것저것 분석하더니 신속하게 안 될 것이라는 결론을 내렸다. 그런데 진행자는 내가 미처 생각하지 못한 또 하나의 장치를 마련했다. 관객을 동원해 여자가 농구공을 던질 때마다 마치 성공한 것처럼 환호성을 지르게 한 것이다.

여자는 눈을 가렸기 때문에 자신이 자유투를 성공했는지 실패했는지 보지 못하고, 귀에 들리는 사람들의 환호성을 들으며 자신이 자유투를 성공했다고 생각한다. 그리고 다시 이어진 실험, 이번에는 안대를 벗고 자유투 하기. 놀랍게도 10번의 시도 중 4번을 성공한다. 물론 실험에 참여한 여성이 자유투를 하는 동안 놀라운 신체 능력을 발휘해 자유투에 대한 감을 익혔다고 치더라도 그 결과는 유의미하다. 자신의 능력을 믿을 수 있는 상황을 조성함으로써 실제로 그렇게 되게 만들다니. 그리고 동영상의 끝은 이렇게 끝났다.

"할 수 있다 믿는 것도 실력이다."

일을 안 되게 만들고, 못하게 만들고, 현실을 걱정스럽게 혹은 불안하게 만드는 것은 무엇일까. 내 능력이 없어서? 진짜 현실이 지옥 같아서? 절대로 실현 불가능한 일이라서? 물론 그럴 수도 있지만, 아직 일어나지 않은 미래의 일들까지 안 될 것이라고 결론짓는 것은 너무 섣부른 것 아닐까.

내 능력이 부족했는지, 현실이 도와주지 못했는지 분석할 수 있는 것은 일이 마무리된 이후에나 가능한 것이다. 해보지 않으면 그 끝을 알 수 없고, 끝까지 가보지 않으면 어떤 일도 속단할 수 없다. 낯선 선택 앞에서, 불확실한 미래 앞에서 나의 발목을 붙잡고 있는 진짜 원인은 우리의 무능력과 처참한 현실이 아니라 자신을 믿지 못한 나에게 있었던 것은 아닐까.

할 수 있다 생각하고 될 것이라고 믿는 낙관성이 정말 독이 될까? 정말 정신승리 하는 것이고, 근거 없는 자신감을 보이는 것일까?

낙관성의 근원에는 자신에 대한 믿음과 평온한 마음이 있다. 나는 할 수 있다는 믿음, 어떤 낯섦과 새로움도 두렵지 않다는 용기. 이런 것들이 지금을 버티고 견디고 나아가게 만든다. 그리고 이런 마음이 좋은 면을 최대로 인식하게 하고, 좋은 면이 없으면, 그러니까 문제 상황을 만나면 되는 방법을 찾게 만든다. 비난거리를 찾는 것이 아닌 문제를 해결할 대안을 찾는 것이다.

진정한 낙관은 일을 해결할 방법과 방향을 찾고, 그에 알맞은 행동이 따르는 것이다. 낙관성이 정신승리나 근거 없는 자신감으로 치부되는 이유는 낙관적으로 '생각만' 하면서 아무것도 하지 않기 때문이다.

아까의 실험으로 돌아가서, '나는 자유투를 성공할 거야'라는 생각만 가지고 연습을 하지 않는다면, 아무리 나를 믿는다고 한들 자유투는 성공하지 못할 것이다. 노력과 행동이 따른 믿음이 자유투의 성공확률을 높이고, 그런 노력이 작은 실패에도 무너지는 가짜 믿음이 아닌, 태풍이 몰아쳐도 흔들리지 않는 진짜 믿음을 갖게 하는 것이다. 그런 진짜 믿음을 가지게 되었을 때 눈을 감고 던지든 그렇지 않든 자유투의 성공확률이 올라갈 것이다.

정신승리네, 근거 없는 자신감이네 하며 위로와 용기의 말을 밀어내기 전, 한 번만 생각해보자. 믿는 것도 능력이라면, 그 능력이 없어서 나를 믿지 못하고 있었던 것은 아닌지.

"능력은 타고날 수 있지만
노력해서 만들 수도 있습니다.
이제 나를 믿는 능력을
키워보는 건 어떨까요?"

긍정에 대한 오해는 풀고 갑시다

잠시 상상을 해보자. 친구가 면접을 보고 왔는데 아무래도 이번에도 불합격할 것 같다며 속상해할 때, 나는 힘들어하는 친구에게 어떤 말을 건넬까.

"괜찮아. 다음에는 더 좋은 곳이 널 알아봐 줄 거야. 다시 힘내보자"라고 말할 것인가? 아니면 "왜 떨어진 건지 알겠어? 함께 원인을 분석해볼까? 네 상황은 이러니까 다른 곳에 지원하는 게 좋을 것 같아"라고 말할까. 사람마다 성향이 다르겠지만, 만약 내가 면접을 망친 친구의 입장이라면 현실을 냉정하게 바라보고 해결책을 제시하는 후자의 말보다는 낙관적이고 따뜻한 말로 위로해주는 전자의 말을 더 듣고 싶을 것이다. 솔직히 힘들어 죽겠는데, 후자 같은 분석적인 말을 듣고 있으면 순간

절교하고 싶은 마음이 들 정도로 친구가 미워지는 것이 인간의 마음이지 않을까.

여린 마음은 어려운 상황에 처했을 때 힘이 되는 말을 들으며 위로를 받고 싶게 만든다. 무엇이 원인이었는지 분석하거나 잘못을 들춰 보고 싶지는 않다. 매보다는 한 번의 쓰다듬을 달라고, 긍정적인 말을 해달라고 말하고 싶다.

긍정肯定적인 말. 긍정이라는 단어는 그 이미지가 참 좋다. 그래서 우리는 '긍정' 하면 좋은 것을 떠올린다. 긍정은 힘이 되는 것이고, 밝고, 아름다운 것이고, 희망적이다. 그래서 긍정적인 말, 긍정적인 반응, 긍정적인 생각 등 온갖 상황에 긍정을 가져다 붙이며 긍정을 추구하면서 살아왔다. 저도 모르는 사이 '긍정적인 사람'이 되기 위해 이런저런 노력을 하면서 사는 것도 그렇기 때문에 무리는 아닌 것처럼 보인다. 그러나 이것이 지속될수록 우리는 점점 함정에 빠진다. 긍정이 만들어놓은 달콤한 긍정의 함정. 긍정의 함정은, 그것에 빠지는 순간 우리를 지금 이 순간에서 단 한 걸음도 떼지 못하고, 옴짝달싹할 수 없게 만들어버린다.

그 대표적인 예가 바로 빅터 프랭클의 저서 《죽음의 수용소에서》에 잘 소개되어 있다. 빅터 프랭클은 그의 저서에서 "1944년 성탄절부터 1945년 새해에 이르기까지 일주일간 사망률이 일찍이 볼 수 없었던 추세로 급격히 증가한 것"을 예로 들며 무조건적인 긍정이 인간에게 얼마나 위협적인지를 언급한다.

수용자들의 처우나 노동 강도, 기후 등 조건에는 전혀 변화가 없었음에도 짧은 기간 동안 많은 수감자가 죽었다. 왜 그랬던 것일까. 빅터 프랭클은 그 이유를 '수감자들이 성탄절에는 집에 갈 수 있을 것이라는 막연한 희망을 품고 있었기 때문'이라고 말한다. 자신이 희망한 대로 이뤄지지 않자 수감자들은 깊은 절망에 빠졌고, 그것이 면역력에 영향을 미쳐 많은 사람이 죽었다는 것이다.

희망을 품고 사는 것이, 긍정적으로 생각하는 것이 왜 오히려 우리에게 독이 될까. 단지 희망을 품었기 때문에, 우울한 현실에서 긍정적인 부분을 생각했기 때문만은 아니었을 것이다. 희망과 긍정적인 생각을 가지고 있는 사람들이 쉽게 좌절하는 이유는 긍정의 함정에 빠져 오히려 현실을 부정하면서 근거 없는 희망만을 꿈꾸었기 때문이다.

'잘될 거야, 괜찮아질 거야' 하는 막연한 긍정. 물론 이런 생각을 가지는 것이 나쁜 것은 아니지만, 이런 생각이 힘이 되려면 우선 전제되어야 할 것이 있다. 바로 현실을 제대로 직시하고, 자신의 상태를 냉정히 분석하는 것, 그리고 그 상황에 적합한 방법을 찾는 것. 내 상황을 객관적으로 파악하지 않으면 그어떤 내게 유리한 말과 생각도 도움이 되지 못한다. 막연한 긍정에 빠져, 언젠가는 나아질 거라는 부푼 희망에 빠져 지금을 개선하기 위한 행동을 하지 못하게 만들고, 단지 꿈만 꾸게 만들었기 때문에, 그 꿈이 이뤄지지 않고 좌절했을 때 막연한 기대와 긍정은 커다란 상처로 자신을 괴롭히는 것이다.

먼저 '긍정'에 대해 한 가지 풀고 싶은 오해는, 긍정이라는 단어에는 '좋은'이라는 의미가 없다는 것이다. 긍정적인 생각, 긍정적인 사람, 긍정적인 태도. 이런 말을 들으면 올바르고, 좋은 이미지를 떠올리기 때문에 긍정이라는 단어에 마찬가지로 동일한 의미를 부여하지만, 긍정이라는 단어를 사전에서 찾아보면, 긍정은 '어떤 생각이나 사실 따위를 그러하거나 옳다고 인정함. 바람직한'이라고 정의되어 있다.

이 정의에 따르면 '무조건 잘될 거야, 바라는 대로 이루어질 거야, 좋을 거야, 괜찮을 거야, 잘할 거야' 같은 생각은 긍정적인 것이 아니다. 그러하거나 옳다고 인정하는 것, 그러니까 내가 바랐던 대로 일이 흘러가지 않고, 내가 처한 상황이 불리한 상황이더라도 그것을 정확히 인지하고 받아들이는 것이 긍정적인 것이다.

참된 긍정은 오히려 현재를 냉정한 시각으로 인식하면서 사실대로, 객관적으로 이해하고 받아들이는 것이며, 절대 있을 수 없는 일이라고 거부하고 외면하는 것은 오히려 현실을 부정하는 것이다. 그 당시 수용소에 수감되어 있는 사람들이라면, 크리스마스에는 이 지옥 같은 곳에서 나갈 수 있을 거라고 생각하는 것이 긍정적인 것이 아니라는 말이다.

정말 긍정적인 자세는 '나는 지금 수감되어 있구나. 이곳은 인권이 말살된 잔혹한 현장이다. 이곳에서 나는 지금 어떤 어려움을 겪고 있다. 전쟁이 장기화되면 내가 이곳에서 빠져나가는 것도 어려워질 것이다. 그렇다면 나는 무엇을 해야 할까. 이곳에서 살아남기 위해 내가 할 수 있는 방법은 무엇일까.' 이런 식으로 자신이 처한 상황을 객관적으로 분석하고, 있는 그대로 받아들이며 수용하는 것이 진정한 긍정인 것이다.

현실을 제대로 인식하지 않은 상태에서 아무리 좋은 상상을 한들, 그것은 한낱 허황된 꿈을 꾸고 있는 것에 불과하다. 이제 가짜 긍정이 만들어낸 환상에서 벗어나자. 먼저 현실을 직시하는 데 저항감이 드는 것을 없애는 것부터 시작해보자. 마음에 들지 않은 현실이더라도 있는 그대로 모두 인정하고, 어떤 일이 내게 발생했는지 열린 마음으로 받아들이면, 그다음 단계에 있는, 내가 원하는 것을 향해 걸어갈 수 있다.

"자꾸 거부하고 외면하는 것보다
인정하고 받아들일 때
비로소 마음에 평화가 찾아와요.
그리고 마음의 평화는 당신을
더 좋은 곳으로, 원하는 것으로 이끌 거예요."

결정을 후회하지 않는 방법

어떤 선택을 해야 잘했다고 소문이 날까? 어떤 선택지를 고르는 것이 덜 후회하는 것일까.

3년 넘게 질질 끌고 왔던 공무원 시험에 대한 미련을 저버리지 못했을 때, 나는 두 개의 질문에 깊숙이 빠져 있었다. 작가가 되자고 결정했을 무렵에도, 만약의 사태를 위해 준비해놓은 자동차의 스페어타이어처럼, 글 쓰는 것과 더불어 공무원 시험에 대한 미련을 놓지 못하고 있었던 것이다.

'네가 원하는 작가의 삶이 빨리 찾아오겠어? 하루 내내 글 쓰고 책 읽는 것도 아닌데, 혹시 모르니까 공무원 시험도 같이 준비하는 것은 어때?'라는 안주하기 좋아하고, 걱정 많은 자아의 우울한 음성. 작가가 되기 위해 무엇을 해야 할지, 스스로 해야 할 것을 계획하고 실천하는 동안 기쁘고 즐거웠지만, 마음 한편에는 어두운 그림자가 어른거리고 있었다.

불확실성이 만들어놓은 두려움의 힘은 다시 나를 흔들었고, 나는 그 움직임에 동조하며 제멋대로 흔들렸다. 문제는 그 흔들림의 영향이 내게 달갑지 않았다는 것이다.

아플 것을 대비해 과도하게 보험을 들 듯, 네 개의 바퀴가 터질 것을 대비해 불필요하게 타이어 네 개를 트렁크에 싣고 다니는 어리석은 행동을, 신경과 노력을 양분하며 어느 것이든 먼저 되는 쪽을 택하겠다는 미적지근한 자세를 하고 싶지 않았다. 그리고 이런 마음이 행동과 생각으로 고스란히 드러났다. 공부를 하면, '글도 제대로 못 쓰면서 이러고 있어도 되는 건가?' 싶어 집중하지 못했고, 글을 쓸 때는 '이렇게 시간이 오래 걸려서 공부는 언제 하지? 하루에 네다섯 시간 공부하면 불합격할 게 뻔한데, 시간 낭비만 하는 것 아니야?' 하는 걱정에 스트레스만 쌓였다. 그렇게 한참을 고민하다가 조언을 구해볼까 싶어 내 고민을 털어놨을 때, 상대방은 내가 원하는 답이 아닌 정반대의 대답을 했다.

"해보세요, 할 수 있어요. 하루 내내 글 쓰는 거 아니잖아요. 시간을 쪼개서 하면 되죠."

집으로 돌아오는 길. 순간 욱하는 감정에 눈물이 났다. 상대가 미웠다. 그런데 시간이 지나고 정신을 차려보니 그렇게 행동한 내가 오히려 부끄럽게 느껴졌다.

내 안에 자리 잡고 있는 '답은 정해져 있고, 너는 대답만 하면 돼' 하는 태도가 올바른 자세가 아니라고 생각하면서도 나는 이런 태도를 취하고 있었다는 것을 뒤늦게 깨달았다. 어쩌면 내 생각을 상대도 느꼈을까 싶어서 오히려 상대방에게 미안한 마음이 들었다.

이 문제는 나 스스로 결정하지 않으면 절대 해결되지 않는다는 걸 깨닫고, 그 길로 공무원 시험에 연결해 두었던 가느다란 미련의 실을 끊어내자고 결심했다. 더 이상 공무원 시험공부는 하지 않겠노라고 선언하고, 책도 내다 버렸다. 글을 쓰기 위한 계획을 세우고, 내가 꿈꾸는 것을 단계에 따라 적었다. 그것을 실행할 계획도 세웠다. 이렇게 끈을 확실히 끊어내고 나니 작가의 꿈을 이루기 위한 계획을 더 집중해서 즐기면서 실천할 수 있었다.

선택해야 하고, 결정해야 하는 상황은 왕왕 찾아온다. 선택의 책임감은 무겁고, 남 탓 하기란 얼마나 쉬운가. 그래서 결정에 앞서 조언을 구한다. 물론 조언이라는 것이 경우에 따라서는 도움이 되고 꼭 필요한 것이지만, 조언을 해줬다는 이유로 그 결정의 무게까지 상대에게 넘기는 건 좋지 않은 태도다. 진정한 조언이 아닌, 내가 듣고 싶은 말을 듣기 위함이라면, 혹은 선택의 책임을 상대에게 지우고 일을 그르쳤을 때 남 탓 하기 위함이라면 그건 너무 비겁한 생각이지 않은가.

어떤 일도 남이 결정을 내리거나 책임져 줄 수 없으니까, 선택의 주체는 네가 아닌 내가 되어야 한다. 중요한 것일수록 스스로 결정해야 한다. 그래야 원치 않았고 예측하지 못했던 풍랑이 닥쳐도 끝까지 포기하지 않고 책임감 있게 할 수 있다. 그래야 설령 일의 결과가 만족스럽지 못하더라도 미련도, 후회도, 원망도 남기지 않을 수 있다. 그러니 선택의 주체는 오롯이 내가 되어야 한다.

수많은 선택지 앞에서 갈팡질팡하고 있을 때, 그럴 때일수록 정신을 바짝 차리고 내 마음을 들여다봐야 한다. 결정 장애 순간을 연출하는 진짜 내 마음이 무엇인지, 마음의 진짜 소리를 들어야 한다. 만약 이런 사심, 저런 사심 다 비웠음에도 결정 장애에 빠져 있다면, 먼저 나만의 기준을 세워보면 좋다.

내가 좋아하는 것은 무엇인지, 내가 잘하는 것은 무엇인지, 내가 하고 싶은 것은 무엇인지, 내게 편함을 주는 상황과 그렇지 않은 것은 무엇인지, 내가 지양하는 것은 무엇이고, 내가 인내할 수 있는 정도는 어느 정도인지, 그리고 무엇보다 가장 중요한, 내 가슴을 설레게 하는 것이 무엇인지 등등 나에 대해 알 수 있도록 계속 질문을 던지고, 답을 찾아야 한다. 이런 배경 지식이 쌓여 있으면 이에 근거해 주도적으로 결정을 내릴 수 있다.

언젠가 지인이 회사를 그만두고 이직한 내게, 그리고 작가가 되기를 결심한 내게 이런 질문은 한 적이 있다. "그렇게 결정하고 나서 후회하지는 않았어? 잘할 수 있을지 걱정하지는 않았어?" 그때 내가 한 대답은 이것이었다. "난 내 선택을 후회한 적이 별로 없어. 결정했으면 그것을 이루려고 정말 최선을 다하거든. 설령 내 결정이 차선의 선택이었어도 그것을 어떻게 해내느냐에 따라 결과는 분명 달라질 테니까."

완벽하게 옳은 결정은 없다. 그것이 있다고 믿는 내 마음속 신화가 있을 뿐. 두 갈래의 길에서 어느 길로 갈지 고민했던 프로스트의 시詩 속의 화자처럼, 어느 곳으로 갈지 선택을 내렸다면 그 길을 잘 걸어가면 된다. 내가 선택한 것과 선택하지 않은 것. 그건 분명 내 인생을 바꾸겠지만, 어떤 방향으로, 어느 만큼 달라질지는 결정 이후 어떻게 행동하느냐에 달렸다. 어떤 결정을 내리느냐도 중요하지만, 그 결정을 이끌어 가는 방법도 못지않게 중요하다.

옳은 선택을 했더라도 제대로 실천하지 않으면, 그보다 좋지 않은 선택이었더라도 충실히 해냈을 때보다 결과는 좋지 않을 것이다. 내가 100m 포장도로를 늑장 부리며 달리면 200m 비포장도로를 충실히 달린 사람보다 결승선에 늦게 도착할 수 있다는 말이다. 그러므로 내가 내린 결정이 최선의 결정이 될 수 있도록 최선의 노력을 다하면 된다. 그것이 결정을 후회하지 않는 방법이다. 그것이면 이미 충분하다. 이런 마음으로 여러 갈래의 길 앞에 선다면, 어떤 길을 갈지 선택하는 데 조금은 더 수월하지 않을까.

"고르지 않은 여분의 선택지가 자꾸 신경 쓰일 때,

내 시선을 지금, 이곳으로 돌려보세요.

어떤 선택을 했느냐보다 중요한 건 그 후에 어떻게 했느냐이

니까요."

Part 4

사랑이 시험인 그대에게,

"삶은 언제나 내 편이었다"

이 삶을 사랑할 이유는 내게 있다

가끔이라고 하기엔 빈도수가 적지만, 이런 질문을 할 때가
있다.

"다음 생에도 나랑 결혼할래?"

윤회를 믿는 것은 아니지만, 만약 우리에게 다음 생이 주어져
다시 만나게 된다면 그때에도 나를 사랑하겠냐는 질문. 별것 아
닌, 단순한 사랑 테스트 같은 이 질문의 속뜻은 나와 함께 보낸
그동안의 시간이 행복했음을 확인받고 싶다는 것이었을지도
모른다.

너를 다시 만나고 싶을 정도로 나는 널 사랑해.
너만 만나도 나는 절대 미련이 없어.

너뿐인 삶에 후회하지 않아.

사랑은 달콤해서 고통을 잊게 만들고, 사랑은 자비로워서 모든 걸 포용하게 만든다. 이해할 수 없었던 것도 사랑이기에 어느덧 이해하고 받아들이게 된다. 사랑은 부족함 속의 풍요를 느끼게 하고, 누군가의 불만족에서 만족을 느끼게 한다. 어쩌면 그는 삶을 사랑해서 이런 말을 남겼을지도 모르겠다.

"모든 것이 가고, 모든 것이 되돌아온다. 존재의 수레바퀴는 영원히 굴러간다.
모든 것이 죽고, 모든 것이 다시 꽃 핀다. 존재의 세월은 영원히 흘러간다.
모든 것이 꺾이고, 모든 것이 새로 이어진다. 존재의 동일한 집이 영원히 지어진다.
모든 것이 헤어지고, 모든 것이 다시 서로 인사한다. 존재의 순환은 자신에게 영원히 충실하다."
　　　　　　　《차라투스트라는 이렇게 말했다》 중에서

삶이, 책 속의 문장이 당신의 삶을 사랑하냐는 질문을 걸어올 때, 나는 뭐라고 대답하게 될까. 어느덧 내가 죽고, 다시 태어났을 때, 새로 시작된 삶이 내가 죽기 전 살았던 삶과 똑같이 반복된다면 그래도 나는, 당연히 다시 너랑 사랑할 거라고 말했던 그처럼, 일말의 고민이나 거리낌 없이 동일하게 반복되는 삶을 받아들일 수 있을까?

"아니요, 저는 받아들일 수 없어요. 영원히, 똑같이 반복되는 삶 따위 받아들일 수 없어요"라고 내게 주어진 운명을 거부하지 않았을까.

그도 그럴 것이, 내 삶의 어딘가에는 추락이 있었고, 실패와 좌절이 있었고, 슬픔과 분노가 있었다. 마냥 축복이지만은 않았던 삶이 미워서, 호락호락하지 않은 세상이 원망스러워서 다시 태어나는 일은 없을 거라며, 오히려 이놈의 인생 지긋지긋하다며 넌더리를 낸 적도 있었다.

이런 내가, 내 삶을 미워하고 원망했던 내가 지금과 똑같이 반복되는 삶을 기꺼이 받아들일 수 있을까.

나는 또 아파해야 해.
나는 또 이별해야 해.
그리고 또 나는 눈물을 흘리고, 좌절해야 해.
새로운 삶도, 지금 삶이 그랬던 것처럼 내게 시련이라는
선물을 당연하게 준비해놓고 있을 터였다. 거부할 수 없는
운명의 그림자처럼.

어느 날 한 방송 프로그램에서 만약 다시 태어나게 된다면 지금의 종교를 선택하겠느냐는 질문을 신부님께 한 것을 본 적

이 있다. 다음 생에도 종교인의 길을 걸을 것인지 묻는 물음에 신부님은 이렇게 대답했다. 가톨릭은 윤회를 믿지 않기 때문에 오늘에 최선을 다하며 산다고.

신부님의 말씀은 내가 지금 만나는 사람에게 집중하고, 내가 하고 있는 일에 몰입하며, 지금 내게 주어진 시간을 충실하게 보내는 것이 후회를 만들지 않는 삶의 자세라는 뜻이었으리라.

어쩌면, 후회 없이 최선을 다해 산다면 내가 미워했던 지난 시간도 사랑하였노라고 말할 수 있지 않았을까. 다시 태어나고 싶다는 바람도, 다시 태어나고 싶지 않다는 바람도 모두 무의미해지게 말이다.

내가 미워하고 원망했던 것은, 내게 시련을 주는 삶이 아니라, 시련 앞에서 굴복하고 나아가길 포기했던 나의 비겁함이었다고, 이 삶을 사랑하고 바라는 이유는 내 삶이 축복이어서가 아니라 내가 삶을 인정하고 진정으로 삶을 살았기 때문이었다는 것을, 이제야 알았다. 그리고 이제는 시선을 과거에서 현재로, 그리고 또 미래로 돌릴 때라고 깨닫는다. 이제야 비로소, 내 삶을 사랑하는 것이 무엇인지 알게 되었다.

내 삶을 사랑하는 것은 오늘을 미련 없게 보내는 것, 이 순간에 충실한 것, 죽음을 기억하며 사는 것이다. 그렇다면, 모든 것이 가고 다시 모든 것이 시작될 때, 나는 기꺼이 그러하겠노라고 말할 수 있게 될 것이다. 그리고 그때 이렇게 말할 수 있지 않을까.

내 삶을 다시 살고 싶을 정도로 내 삶을 사랑해.

삶이 똑같이 반복된다 해도, 그렇지 않은 누군가의 삶에

절대 미련 없어.

지금의 내 삶에 후회하지 않아.

그렇기 위해서 나는,

나를 사랑하고, 감사할 것이다.

꿈을 꾸고 노력하되, 조바심을 내지 않을 것이다.

내 곁에 존재하는 모든 것들의 소중함을 기억할 것이다.

휘둘리지 않고, 중심을 잡을 것이다.

미래를 마음속에 간직하며, 현재를 직시할 것이다.

"삶이 자꾸 태클을 걸어와도

꿈꾸고, 사랑하고, 아낌없이 삶을 살아가세요.

이 삶을 사랑할 이유는 나에게 있으니까요."

돌연변이여도 괜찮아

나는 쌍꺼풀이 있고, 혈액형이 AB형이고, 머리카락은 곱슬기가 있으며, 고교 시절엔 얼굴에 여드름이 자리 잡고 있었다. 이것들은 지금은 내가 잘못 알고 있었던 것들로 판명된 것도 있지만, 흔히 '열성'이라고 구분된 특징들이었다.

열성의 열劣은 '못하다, 남들보다 뒤떨어지다'라는 뜻이고, 우성의 우優는 '넉넉하다, 뛰어나다'라는 뜻이었으니, 뭐가 떨어지고 뭐가 뛰어난지 알려고 노력하지 않은 채 그렇게 나는 열성인자 덩어리가 됐다.

조금 변명을 해보자면 그렇게 된 데에는 사람들의 말도 한몫했다. 생물 시간에 혈액형에 대해 배울 때면 AB형은 다른 혈액형에 수혈이 불가능하다고 했다. 생각이 어렸던, 철부지 반 아이들은 AB형인 나를 "야, 너는 다른 혈액형의 사람들에게 피를 나눠줄 수 없다며? 그건 AB형 피가 더러워서 그런 거야"라며 놀렸다.

저런 말을 되받아칠 지식이 없었던 나는 그 말을 곧이곧대로 받아들였다. 그래서 열성 투성이인 것도 모자라, 피가 더러워서 같은 AB형끼리가 아니면 피를 주고받을 수도 없는 나라는 존재가 참 싫었다. 신체적 특징뿐만 아니라 성격도 뭔가 달랐다. 남들보다 예민했고, 까칠했고, 화를 잘 냈다. 삐지기는 또 얼마나 잘 삐졌던지 "너는 도대체 누굴 닮았니?" 하는 말도 여러 번 들었다. 열성 덩어리인 내가, 성격마저 이래서 돌연변이 취급까지 받았으니 '세상과 잘 어울릴 수 있을까' 하는 생각을 했다.

그때의 나는 우성은 뛰어나고, 숫자가 더 많거나 발현하기 쉬운 성질로 알고 있었고, 그렇지 못한 열성은 생존에 불리한 조건이라고 판단했기 때문에 열성 요인을 가지고 있는 나라는 존재는 하찮음 그 자체였다. 궁금했다. 무한한 진화의 시간 속에서 나는 왜 이렇게 미숙하게 태어난 것일까.

그런데 저런 의문에도 불구하고, 열성 덩어리였던 나도 잘 살아남았고, 지금도 삶에 대한 애착을 갖고 살고 있다. 열성이었기에, 돌연변이였기에 금방 도태되고 말 것이라는 내 우려와는 다르게 말이다.

칼 세이건의 《코스모스》를 읽다가 마음에 드는 문장을 만났다. 나를 돌연변이 혹은 열성이라고 규정했던 내 생각을 고칠 문장을 말이다. 그는 "유전형질의 급격한 변화를 가져오는 돌연변이는 순종을 낳는다"며 "그러므로 돌연변이가 진화의 동인이 된다"라고 했다. 그가 돌연변이를 바라보았던 따뜻한 시선이 나에게 전달되었다. 내 열성인자들을 원망하고, 스스로 돌연변이라고 인식했던 지난 시간이 얼마나 부질없었는지 드디어 깨닫는 순간이었다. 그렇게 나는, 외면하고 싶었고 놀림당했던 내 형질들은 '나'라는 순종의 시작이라는 사실을 인식하게 되었다. 돌연변이는 기존의 것들과 비교하면 특이하고 다른 것이지만, 미래의 관점에서 보면 새로운 것의 시작이자 다양성의 발로라니. 인간의 다양성에 기여하는 나라는 존재가 오히려 기특하고 대단하지 않은가.

누구에게나 마음에 들지 않는 구석들이 한두 개쯤은 있을 것이고, 고쳤으면 하는 것들이 또 한두 개쯤은 있을 것이다. 그것이 외모이든, 성격이든, 능력이든, 배경이든 어딘가 부족해 보이고 남들보다 못나 보이는 것들 때문에 자꾸 내가 미워지고, 마음이 아프다. 그런 모습을 없애기 위해 노력하기도 한다. 만약 아직도 내 어딘가가 마음에 들지 않아 속상하다면 생각을 이렇게 바꿔보면 어떨까.

'나는 오직 나라는 존재의 순종으로 태어났으니, 내가 생겨먹은 대로, 내 성격대로 그렇게 살고, 살아남으면 된다. 그 삶의 과정을 잘 보내고 나면, 그러니까 도태되지 않고 잘 살아내면 나라는 돌연변이는 확장해서 순종의 시초가 될 것'이라고.

내 마음속 어딘가에 남아있었던 열성과 돌연변이 콤플렉스 마지막 흔적을 지워내며, 더는 내가 우성인지 열성인지에도 관심이 없어졌다. 내가 누굴 닮아서 이렇게 생겨 먹었는지 더는 그 출처가 궁금하지도 않다. 오히려 이제는 내가 마음속 깊이 거부했던 열성이거나 돌연변이 같은 것들이 나의 특징이자 나 자체임을 안다. 그런 것들이 있어서 문제인 것이 아니라 오히려 새로운 시작을 의미한다는 사실이 기쁘고 놀랍기까지 하다.

설령 내 존재가 진화의 동인이 되지는 않더라도 괜찮다. 나라는 순종이 하나의 모범 사례가 될 수 있도록 내 삶을 잘 살다 가면 그만이니까. 곱슬머리도, 쌍꺼풀도, 보조개 없는 볼도, AB형인 혈액형도, 누굴 닮았는지 모를 성격도 다 상관없다. 그것들은 나라는 존재의 특징일 뿐이니까.

매우 특별하고 소중한 나, 참 사랑해.

"당신은 세상에 둘도 없는 오직 단 하나의 존재입니다.
당신의 모든 것은 당신 그 자체입니다.
당신이라는 순종이 써 내려갈 당신만의 이야기를 응원합니다."

어떤 하루도 무의미한 날은 없다

가만히 일상을 돌아보노라면, 가끔은 이렇게 보낸 하루에 괜히 미안해질 때가 있다. 무엇인가 바쁘게 하지 않으면 안 될 것 같다는 생각에 1차로 괴롭고, '무엇을 하며 하루를 보냈나' 하는 생각에 2차로 괴로웠다. 바쁜 업무를 마치고 돌아와 쉬고 있을 때조차 문득 이런 생각이 들었다.

"나는 오늘 무엇을 했지? 매일 일만 하느라 정신이 없구나. 나를 위해서는 아무것도 한 게 없어."

낮 동안 많은 일을 해치웠지만, 개인적인 무언가는 하지 않았다는 이유로 아무것도 한 게 없는 무의미한 하루가 되고 만 것이다. 주말에는 또 어땠는지. 혹은 주말만이라도 '한 주 동안 힘들게 일한 내게 휴식을 줘야지'라는 생각으로 침대 위에 누워 시간을 보내고 나면, 일요일 오후가 되어서는 휴식을 취하고 싶었던 마음은 점점 사라지고 오히려 주말 동안 아무것도 하지 않았다는 생각에 괴로워했던 적도 있다. 휴식을 취하는 것도 분명 의미 있는 일이고 필요한 것임에도 말이다.

언제부터인지, 왜인지는 모르겠지만, 나는 오랫동안 무엇인가를 해야 한다는 강박에 사로잡혀 있었다. 물론 지금도 마찬가지다. 다행히 하루 12시간 일하고 돌아와서도 '아무것도 한 게 없어'라고 자책을 하는 상황에서는 벗어났지만, 요즘은 책을 읽지 않았거나 글을 쓰지 않은 날은 아무것도 하지 않았다는 생각에 자책하기 시작했다.

독서와 글쓰기, 나에게 이 두 가지는 잘 보낸 하루를 규정하는 마지노선이었고, 그것을 하지 않은 하루는 무의미하게 보낸 하루였으니 그렇지 못한 날은 언제나 반성, 자책 모드였다. 그래서 잠자리에 들 무렵이면 예전처럼 이런 생각을 하고는 했다.

'나의 내일은 오늘보다 나아지기를. 내일은 꼭 의미 있는 일을 하면서 보낼 수 있기를!'

이런 모습이 비단 나만의 모습일까. 이런저런 이유로 자신의 하루를 반성하는 사람들의 말을 듣고 있으면, 무엇인가를 하지 않았을 때 불안을 느꼈던 내 모습을 목격하게 된다. 한편으로는 참 안쓰럽다.

도대체 무엇을 해야 '아무것'이라도 한 것일까?

어떤 일을 해야 의미 있는 일을 한 것일까?

내가 중요하다고 생각하는 일을 해야만 잘 보낸 하루가 되는 것일까?

무언가 대단해 보이는 것을 해야만 하루가 만족스러울까?

사실 오늘 내가 보낸 하루는 다양한 일들이 가득했고, 이들은 모두 의미 있는 것들이었다. 오늘 내가 쓸어 없앤 먼지들, 깨끗이 빨아서 말려놓은 옷가지들, 뚝딱거리며 만들어 먹은 음식들, 내가 읽은 여러 문장들, 내가 보며 배운 동영상 속 지혜와 지식들, 그로 인한 깨달음들, 친구와 나눈 짧은 안부, 내 눈을 통해 들어온 구름의 흐름, 피부로 느끼는 태양 볕의 따뜻함.

글 쓰지 않고, 책을 읽지는 않았어도, 내 시간은 다른 것들로 가득 차 있었고, 풍요롭게 채워지고 있었다. 이런 것들이 아무것이 아니라면, 그 시간 동안 내가 하고 느꼈던 이것들은 다 뭐란 말인가. 이런 것들은 사소하고 일상적인 것이니 아무 의미 없는 것이라고 말할 수 있을까?

언제나처럼 아무것도 하지 않은 것 같다며 죄책감을 느낀 어느 날에도 분명 바쁘게 몸을 움직이며 하루를 보내지 않았던가. 그러니 내가 아무것도 하지 않았다고 느낀 것은 사실 진짜가 아니었다. 우리는 항상 무언가를 하고 있었고, 무언가는 어딘가에 남아 우리를 조금, 혹은 아주 조금 변화시키고 발전시켰을 것이다. 다만 변화가 너무 더뎌서 그것을 눈치채지 못했고, 대단한 무언가를 해야 한다는 생각에 작은 일들을 인정해주지 않았을 뿐이다.

어떤 한 사람이 길을 걸어가다 작은 돌멩이 하나를 놓는다. 사람들은 그 사람이 돌멩이를 그곳에 놓았다는 것을 알아채지 못하고 지나간다. 하지만 그 사람은 다음 날에도, 그다음 날에도 계속 돌멩이를 집어다 놓았다. 그렇게 아주 오랜 시간이 흘러 한 사람이 옮기기 시작한 작은 돌멩이들이 모여 돌탑이 되었다. 그러자 그 길을 지나던 사람들은 '이 돌탑이 언제부터 여기 있었지?' 하며 관심을 가지기 시작한다.

어쩌면 내가 보내고 있는 하루 역시 그런 게 아닐까. 내가 의미 있고 중요하다고 판단하는 마지노선이 아니더라도, 그걸 하지 않으며 보낸 일상 역시 무엇인가를 하면서 보낸 의미 있는 하루인 것은 아닐까.

작은 돌멩이 하나를 옮기는 일을 너무나 작고 무의미한 것처럼 느껴지겠지만, 돌아보면 중요하고 의미 있는 일의 한 과정이었던 것처럼, 내가 오늘 이렇게 보낸 하루 역시 내 인생에 한 과정이라고 생각해본다. 마지노선이 무너지더라도, 그것은 결코 무너진 것이 아니었음을, 작은 돌멩이 하나를 얹어놓은 과정이었음을 말이다.

다만 그렇다고 하더라도 이것 하나는 잊지 말아야겠다. 아주 작은 돌멩이라도, 그 돌멩이를 어디에 둘지, 어떻게 둘지를 알 것. 돌멩이를 어디에, 어떻게 두느냐에 따라 돌무지가 되기도 하고, 돌탑이 되기도 하고, 돌담이 되기도 하니까.

오늘 내 일상이 어떤 길로 가는 것인지, 그 속에 어떤 의미가 발견되지 못한 채 놓여있는지 알아차려 보자. 이것을 알고 가는 것만으로도 쓸데없는 자책은 사라질 테니까.

"하루를 마치고 가만히 되돌아보세요.

감사한 일, 다행인 일, 기쁜 일, 속상했던 일들.

그 속에 가득 담긴 다양한 의미를 알게 될 테니까요."

'왜' 보다 '어떻게'가 필요한 이유

가끔 그럴 때가 있다. 일을 마무리하는 것이 목성 착륙보다 어렵게 느껴지고, 인간관계는 실타래처럼 엉키고, 크고 작은 실수가 나를 자극하거나, 세상이 온갖 시비를 거는 것처럼 느껴지는 때. 그럴 때면 나는 언제나 '왜?'라는 질문을 던졌다.

왜 일이 제대로 해결되지 않았지?
쟤는 왜 나를 싫어하지?
저 사람은 왜 저렇게 행동하지?
왜 지금 이런 일이 생겼지?

이렇게 질문은 던지면 그 답을 찾을 수 있었을까. 물론 경우는 반반, 그럴 때도 있었고 그렇지 않을 때도 있었다. 때로는 내가 정답이라고 생각했던 '왜'라는 질문의 답이 그렇게 믿고 싶었던 내 마음에서 기인한 적도 있었다. 진짜 정답이 아닌 정답이라고 믿고 싶은 답을 찾아냈던 것이다.

피곤한 몸을 이끌고 퇴근한 날. 엘리베이터에 점검 중이라는 안내문이 붙어 있을 때 이런 생각이 든다. '왜 하필 이런 때에 고장이 난 거지?' 하던 일이 막힐 때면 '이걸 왜 맡겠다고 해선…', '왜 일이 자꾸 꼬이는 걸까'라고 생각하게 된다.

많은 문제들 앞에서 던진 '왜'라는 질문, 이 질문을 통해 무엇을 얻었을까. 우선 문제라고 규정한 온갖 것들의 이유와 근거를 찾았다. 원인을 알면 대응을 할 수 있으니 '왜'라는 질문을 떠올리는 것은 필요한 과정 중 하나였다. 그런데 어떨 때는 '왜'라는 질문에 단순히 원인을 알고 싶은 바람 외에 다른 어떤 것들이 담겨 있었다. 예측하지 못했거나 바라지 않은 상황이 왔을 때 느끼는 원망과 분노, 낙담 같은 것들이 바로 그것이었다.

또 하나의 문제는 '왜'라는 질문을 이어갈수록 답을 찾는 것은 점점 어려워지는 것이었다. 호기심 가득한 5살짜리 아이가 쏟아붓는 '왜' 질문 세례를 당해본 사람이라면 쉽게 공감할 수 있을 것이다. 세상엔 '왜'라는 질문에 답을 하기 어렵거나 혹은 답을 할 수 없는 것들이 많다. 가령, '왜 중력이 있지?' 하는 성격의 질문들. 아무리 '왜'에 대한 답을 탐구한다고 해도 정확한 답을 찾아내긴 힘들다. 단지 현상을 분석하고, 설명하는 정도가 다일 뿐이다.

　물론 그렇다고 '왜'라는 질문 자체가 필요 없다는 말은 아니다. '왜'라는 질문이 분명 필요한 순간도 있다는 것은 인정한다. 내가 하고 싶은 말은 '왜'라는 질문에 갇혀 그곳에만 머무르고 있는 경우에 대한 이야기다.

　어떤 일은 내가 원하지 않았음에도 그렇게 흘러가는 것이 있다. 내가 태어난 것, 계절이 바뀌는 것, 가끔은 일이 꼬이는 것도, 관계가 틀어지는 것도 이유를 알지 못한 채 그렇게 흘러가기도 한다. 이럴 때 왜라는 질문은 그다지 도움이 되지 않는다. 설명할 방법이 요원하니 말이다.

　가장 즐겁게 봤던 재난 영화를 하나 떠올려보자. 듣도 보도 못한 정체불명의 존재로 위험에 빠졌을 때, 주인공은 어떻게 행동하는지 기억하는가?

　영화의 주인공들은 한결같이 '왜 이런 시련이 나에게 찾아오는지, 그들이 왜 침입을 했는지'를 먼저 고민하지 않았다. '왜'에 대한 답을 탐구하기 전에 '어떻게 대응할 것인가'를 먼저 고민했고, 행동에 옮겼다. 그리고 결국은 해피엔딩. 주인공은 살아남고 많은 생명을 구한다.

　재난 영화의 주인공이야 타고난 능력이 있으니까 충분히 그럴 수 있다고 생각할 수도 있지만, 우리에게도 그런 면이 있다. 물에 빠진 사람을 발견했을 때, 허우적거리며 살려달라는 사람을 보며 "어이쿠, 수영도 못하면서 왜 물에 들어가셨어요?"라고 묻는 사람은 없다. 재빨리 그를 구조하기 위한 행동을 취하며 문제를 해결하기 위해 움직인다. 바로 '어떻게'를 떠올리는 순간이다.

한번은 외출을 위해 엘리베이터를 기다리는데 한참이 지나도 엘리베이터가 올라오지 않았다. 이상해서 살펴보니 '점검 중'이라는 안내문이 떠 있는 게 아닌가. 어쩔 수 없이 계단으로 내려가 일을 보고 다시 돌아왔을 때, 그날따라 문제가 생겼는지 엘리베이터는 여전히 점검 중이었다. 양손에는 장 본 물건들이 가득했고, 마침 커피도 하나 샀는데, '왜 하필 이런 일이.' 엘리베이터가 움직이지 않는 건 어딘가 고장났기 때문일 테니 '왜'라는 질문에 답을 찾은들 내게 도움이 되는 건 없었다. 그저 원망을 줄이고, 배경지식을 하나 얻었을 뿐. 하지만 이 문제를 해결할 수 있는 답은 '어떻게'라는 질문을 통해 얻을 수 있다. 기다리느냐, 계단으로 오르느냐. 결국 나는 계단으로 오르기 시작했고, 무사히 집으로 돌아왔다.

만약 내가 점검 중을 알리는 엘리베이터 앞에서 '왜'라는 질문에 몰입하느라 방법을 찾지 못한다면, 그 순간 불평과 불만이 차올라 짜증을 느낄지도 모른다. '왜? 왜? 그러니까 도대체 왜?' 하면서 말이다. 그런데 '왜'를 떠올리기 전에 '어떻게'를 먼저 생각함으로써 원치 않은 상황에서 빠르게 벗어날 수 있었고, 감정의 휘둘림 없이 평온하게 그 상황을 해결할 수 있다.

'어떻게'라는 물음을 가만히 바라보면 그 속에는 방법과 해결책을 찾으려는 의도가 있다. 그래서 '어떻게'에 대한 답을 찾으면 그 답에 맞춰 노력하게 되고, 문제를 해결하면서 발전하고 다음을 향해 나아갈 수 있다. 그리고 덤으로 얻어지는 또 하나, 바로 마음의 평화이다.

만약 뜻하지 않은 상황에 가로막혀 '왜'가 떠오르는 순간이 있다면, '어떻게'로 질문을 바꿔보자. 어떻게 하면 이 상황을 해결할 수 있을까. 이 질문에 집중해서 답을 찾고 문제를 해결하고 난 뒤, 그때 '왜'라는 질문에 대한 답을 이때 찾아도 늦지 않다.

"'왜'보다는 '어떻게'라는 질문이
먼저 필요할 때가 있어요.
'어떻게'에 집중하면 원망과 불평의 시간을 줄이고,
조금 더 빨리 원치 않은 상황에서 벗어날 수 있어요."

memento mori. 죽음을 기억하라

사람이 태어나고 한평생 살다가 생의 마지막 숨을 거두기까지 얼마나 많은 것들이 주변에 왔다가, 머물렀다가, 또 사라져 갔을까. 그토록 사랑했던 사람은 다른 여인의 연인이 되었고, 내가 좋아하는 것보다 나를 덜 좋아한 돈도 짧게 머물다 떠났다. 바람도, 만개한 봄꽃들과 알록달록 물든 가을 단풍도 짧게 제 삶을 살다가 내 곁을 떠났다.

스치고 사라지는 것이 세상의 이치라지만, 그 과정에서 어떤 것은 누군가에게 더 많이 남고 더 쌓이는 것 같다. 이 차별과 차이의 순간을 인생의 진리라고 받아들이기엔 어딘가 불공평하게 느껴진다. 태어나면서 은수저가 있고, 금수저가 있고, 거기에 다이아몬드 수저까지 있으니.

흙수저는 아니지만, 은수저도 안 되는 세상의 평범한 사람들에겐 부모를 잘 만났다거나 조금 더 잘났다는 이유로, 다수의 누군가보다는 더 많이 경제적 풍요를 누리고, 삶의 기회를 맛보고, 더 많은 사랑을 받는 걸 바라보는 게 마냥 편하지만은 않다. 그래서 수저의 차이를 조금이라도 줄여보기 위해 복권을 사며 일확천금을 꿈꾸고, 대출을 끌어모아 주식이나 집을 산다. 아무리 노력해도 수저의 차이가 쉽게 줄어들지는 않지만, 그럼에도 불구하고 공평한 것이 있다.

돈이 많든 적든, 나이가 많든 적든, 예쁘든 못생겼든, 똑똑하든 그렇지 않든, 성별이나 인종, 직업과 종교 등 어떤 것들과 상관없이 존재하는 모든 것에게 공평하게 주어지는 것. 누구에게나 인생에 딱 한 번, 무조건 찾아오는 것. 바로 죽음이다. 부자라고 두 번 찾아오지 않고, 가난하다고 세 번 찾아오지 않는 것이 바로 죽음이니까.

수저 인간론으로 비롯된 모든 차별의 순간이 끝나고 모두에게 공평하게 찾아오는 죽음. 삶이 각자 가지고 태어난 수저에 따라 어쩔 수 없이 달라지더라도, 한바탕 삶을 살고 난 그 끝은 내 의지에 따라 남들과는 다르게, 내 방식대로 맞이할 수 있을 것이다. 그래서 나는 누구에게나 공평하게 찾아오는 죽음을 헛되이 맞이하고 싶지 않다.

2021년에 열린, 2020 도쿄올림픽에 출전한, 대한민국 럭비 팀의 이야기를 한 방송 프로그램에서 만났다. 98년 만에 처음으로 올림픽 출전의 기회를 얻었다는 대한민국 럭비팀은 코로나19에 걸리지 않기 위해 조심하는 혹은 선수의 컨디션 보호를 위해 올림픽 개막식에 참석하지 않은 어느 종목과는 다르게 개막식에 참석했는데, 그 이유가 제법 뭉클했다.

"우리의 '첫' 하고 '마지막' 올림픽일 수도 있으니까. 무조건 (개막식에) 참석해야겠다고 생각했어요."

언제 또 찾아올지 모를 올림픽을 더 많이, 더 풍부하게 즐기기 위해 개막식에 참석하기를 선택한 럭비팀의 이야기를 들으며 오늘을 살아가는 자세를 생각한다.

코로나19에 걸릴 위험이 있지만, 컨디션 조절이 필요하지만, 그들에게 그것보다 더 중요했던 것은 '지금 이 순간 내가 할 수 있는 선택이 무엇인가' 였다. 미래에 대한 걱정이나 두려움보다 더 의미 있는 것은, 오늘, 현재의 내가 할 수 있는 것을 하는 것. 그것이 럭비팀의 마음이었을 것이다.

그들의 이야기는 내가 어떤 자세로 삶을 살아야 하는지를 말해준다. 언제 찾아올지 모르는 죽음의 공포와 불확실한 미래를 두려워하는 것보다 중요한 것은 오늘을 충실히, 최선을 다해 사는 것이라고 말이다.

삶도 언제 찾아올지 모르지만, 찾아올 것이 분명한 죽음을 기억한다면 더 적극적인 태도로 살게 될 것이다. 살아 숨 쉬는 지금 이 순간은, 언제 찾아올지 모르는 죽음보다는 확실한 것이기에, 확실하게 주어진 지금 이 순간은 그렇기에 더 소중하고 의미 있다. 온갖 두려움과 걱정 속에서도 개막식에 참석하는 것으로 오늘에 충실한 럭비팀처럼 우리도 그렇게 살아보면 어떨까.

'memento mori. 죽음을 기억하라.'

우리의 삶에 종착점이 있다는 사실이, 그것을 인식하는 것만으로도 우울해지고 슬퍼지고 마음이 무거워질 수도 있겠지만, 그 끝이 있음을 알기에 삶을 더 멋지게 살 수도 있을 것이다.

죽음이 존재하기에 삶이 더 소중하고, 죽음을 받아들이기에 삶이 더 삶다워진다. 죽음이 있기에 삶이 존재할 수 있고, 죽음을 기억하기에 오늘 하루를 결코 허투루 보낼 수 없어서 나는 이 문장이 좋다.

죽음이 주는 유한함은 장애물이 아니다. 유한함은 오늘을 낙담하고 회피하게 만드는 것이 아니라 오히려 무한한 의지를 불러일으키는 원동력이다. 죽음을 기억하면 나를 늘어지게 만드는 이런저런 핑계와 자기합리화로부터 자유로워질 수 있다. 매일 반복되는 하루를 그렇고 그런 하루가 아닌 내게 주어진 마지막 날처럼 소중히 보낼 수 있다.

죽음의 유한함은 내 삶에서 진짜 중요한 것과 중요한 척하는 것을 골라낼 수 있는 지혜를 준다. 그것은 방향지시등을 켜지 않고 1초 만에 불쑥 끼어드는 운전자를 향해 거칠게 욕을 날리는 것보다 내 주변의 사람들에게 사랑의 말을 전하는 게 더 의미 있는 것임을 깨닫게 만들고, 지금 내 앞에 앉은 사람과 마주하며 생각을 나누는 것이 인터넷 뉴스를 보며 분노하는 것보다 더 중요한 것임을 깨닫게 만든다. 죽음 앞에선 대단해 보였던 것이 사소해지고, 중요해 보였던 것이 의미 없어지니까. 그리고 무엇이 더 소중한 것인지를 생각하게 만드니까.

나는 오늘 죽음을 기억하며 무엇을 할 것인가.

무엇을 선택하든 자유이지만, 그 선택이 삶의 마지막 순간이라면 아름다움으로 기억되는 것이길 바란다.

"memento mori.

죽음을 기억한다고 슬퍼하거나 우울해하거나 두려워할 필요가 없습니다.

죽음을 기억하기에 더 기쁘고, 즐겁고, 행복하고, 의미 있게 살 수 있으니까요."

이게 최선이냐고 묻지 않을 것

"이게 최선이야?"

이 말을 습관처럼 했다. 앞에 붙는 사람 이름이 내가 되었다가 타인이 되었다가, 육성으로 나왔다가 마음속으로 되뇌다가. 참 다양하게 시도 때도 없이 쓰는 말이었다.

이게 최선이냐고 습관적으로 묻는 나에 대해 표현하는 방식이 이게 최선인지, 문득 글을 쓰면서도 떠올랐지만, 지금은 그 생각에 대한 답을 정하는 데 신경 쓰지 않기로 하고 쭉 글을 써 내려가고 있다.

생각이 생각을 검열하는 습관을, 적어도 글을 쓰는 동안에는 하지 말자고 생각하며 글을 쓰지만, 한 페이지를 다 채우고 나면, 저 위, 아니면 그 위 어딘가에 천을 기워놓은 듯한 흔적이 있다. 취소를 의미하는 죽죽 그어놓은 선 두 줄, 혹은 비뚤어진 그물망처럼 촘촘히 그어진 곳 위에 다른 단어로 대체한 표현이 자리 잡고 있다.

나는 습관적으로 최선을 찾고, 어떨 때는 최선이 아닌 차선을 찾고, 적확한 무언가를 집어넣기 위해 부지런히 뇌를 움직이는 사람이구나. 하지만 그렇게 써도 어딘가 부끄럽고 민망스러워서 고치고 또 고치기를 반복한다. 그래도 부족하겠지만, 최선을 다한 문장 앞에서 떳떳하고 싶으니까.

첫 책에서, 나는 오랫동안 완벽주의자의 습성을 가지며 살아왔고, 그 습성으로 인해 내가 얼마나 힘들었는지, 어떻게 겁쟁이가 되어갔는지를 고백했다. 도전 앞에서 머뭇거리고, 결과 앞에서 작아지는 나를 바라보며 자책하는 순간들의 연속이었다. 이 습관은 아직도 여전히 내게 남아있다. 다만 바뀐 것이 있다면 습관의 몸집이 조금 줄어서, 습관을 인식하는 능력이 생겨서 이제는 조금 덜 괴로울 뿐. 덕분에 나 스스로는 최선과 완벽에서 조금 자유로워졌을지 몰라도, 내 주변을 머무르는 누군가들은 어떨지 모르겠다.

한번은 설거지를 마친 남편에게, 그리고 또 한번은 빨래를 개는 남편에게 이런 말을 했다.(이 와중에 '나도 모르게'라고 썼다가 쓱쓱 지웠다. 무의식중이라고 면죄부가 주어지는 건 아니니까.) 여하튼 무의식이든 다분히 의식적이든, 그게 최선이냐고 물었던 것은 명백한 사실이었고, 그 속에 담긴 의미야 나는 잘 알고 있을 터였다.

군이 변명하자면, 자고로 설거지란 음식이 담겼던 흔적이나 세제가 묻은 수세미로 닦은 흔적이 없어야 하는 행위이고, 빨래를 개는 것은 주름이 없도록 접어 어딘가에 넣어둬야 끝나는 행위 아니던가. 그런데 남편의 설거지 끝에는 고춧가루와 밥알이 달라붙어 있고, 갠 빨래는 주름이 가득했다.

저 꼴을 보고 있노라면 이것이 최선인가 하는 의문이 저 밑에서 솟아오른다. 결국 마음속에 있던 물음표가 입 밖으로 나와 실체가 된 순간, 남편은 "응, 그럼 어떻게 더 해?"라며 천진하게 물었다. 그 작은 눈이 똘망똘망해지는 것을 보면 진짜 궁금해서 묻는 거겠지. 이쯤 되면 지금 상태 이상을 바라는 것이 나의 욕심인지, 내 기준이 유난히 엄격한 것인지 하는 의심이 찾아온다.

내가 생각하는 최선이란 도대체 무엇일까. 이게 옳은 걸까. 어쩌면 최선을 바라는 내 마음이 나를 좀 먹고 있던 것은 아니었을까. 완벽을 추구하며 나를 괴롭히는 것처럼 최선을 추구하며 또 나와 누군가를 괴롭히고 있었던 것은 아니었을까.

동그랗게 커진 남편의 천진난만한 눈을 보고 알았다. 나는 '최선'과 '최고'를 착각하고 있었구나. 내가 생각했던 최선은, 최선이 아닌 최고를 의미하는 것이었구나. '최선'을 '최고'라는 단어와 혼동하며 사는 동안, 최선을 다했어도 고춧가루는 묻어 있을 수 있고, 주름이 잡혀있을 수도 있음을 받아들이지 못했다. 최선을 다했어도 사랑이 끝날 수 있고, 최선을 다했어도 원하는 것을 얻을 수 없다는 것을 몰라서, 더 하라고, 더 나아지라고 다그치며 달리는 말에 채찍을 가하고, 또 채찍질을 해댔다.

'이게 최선이야?'

최선이냐고 묻는 말의 이면에는 최고가 아니면 안 된다는 의미가 깔려 있었다. 그래, 그래서 나는 괴로웠다. 열심히 해도 인정해주지 않아서, 저 말 한마디에 그동안 쏟아왔던 모든 것들이 무의미해져서, 나의 최선이 최고가 되지 못할까 봐 두려워서.

최선을 다해도 최선 같아 보이지 않았던 때의 나도 이런 마음이었을 것이다. 눈을 동그랗게 뜨고 이게 최선이 아니면 뭐냐며, 오히려 결과물 앞에 당당한 남편의 태도처럼. 사실 나의 최선임을 알면서도 높은 기준에 맞추길 바라는 나의 엄격한 잣대에 지쳐 있었던 것은 아니었을까. 그래서, 내가 괴로웠던 것처럼 당신도 괴로웠을까. 자꾸만 최고가 되길 종용하는 것들 때문에 지쳐버렸을까. 그렇다는 대답을 들을까 두려워 차마 묻지 못하고, 최선이냐고 묻는 행위를 그만두기로 다짐했다.

내 최선이 최고가 될 수 없음도 알았고, 네 최선이 내 최선과 같지 않을 수 있음도 알게 되었으니까. 그리고 최선이 최고의 보증수표는 아니기에 가끔은 넘어지고 가끔은 모든 것이 수포로 돌아갈 수도 있음을 역시 알고 있으니까. 이제는 최고가 아니어도 최선을 다한 나와 너에게 박수를 보내며 격려해주고 싶다.

"이게 최선이야?

이렇게 묻고 의심하는 마음속에는

최선을 다하길 바라는 마음보다

최고로 해내길 바라는 마음이 더 컸던 것은 아닐까요?

우리의 최선이 꼭 최고일 수는 없으니까

최선을 다한 것으로 이미 충분하다고 말해주세요."

계획대로 되지 않은 일에서 배운 것들

인생은 계획에 따라 흘러간다. 계획은 계속되고, 이어지고, 새로 시작되며 계획에 따라 오늘을, 일주일을, 한 달을 그리고 일 년을 산다. 계획한 그대로, 똑같이 인생이 흘러가지 않아도 계획은 쉽게 사라지지 않는다. 방학을 맞이하면 방학 계획표가 있었고, 개강하면 수업시간표가 있었고, 일을 할 때면 하루 일정을 회사 노트에 적으며 스케줄을 조정하기도 했다. 언제 결혼할지, 집은 언제쯤 살지 인생의 계획도 세우고, 언제쯤 아이를 낳을지 자녀 계획을 세우고, 오늘 저녁은 무엇을 먹을지 식단 계획을 세우기도 한다. 여기까지 하자. 더 캐지 않아도 계획이 넘쳐난다는 것쯤은 충분히 알게 되었으니까.

사람들은 다양한 계획 속에 살지만, 나는 그중에서도 계획 세우는 것을 좋아해서 매번 어떤 일을 시작할 때나 하루를 시작하기 전에는 꼭 계획을 세우곤 했다. 계획을 세움으로써 앞으로의 방향을 설정하고 내가 해야 하는 것들을 가늠했고, 그 계획을 이뤘을 때 크고 작은 만족감을 느꼈다. 계획은 내가 원하는 것을 이루기 위해 거쳐야 하는 이정표였기에 완벽하길 원했고, 한번 세운 계획은 꼭 이루려 노력했다.

계획안에는 꿈과 목표가 있었고, 오늘을 보내는 지침이 있었다. 그래서였는지 계획은 언제나 빡빡하고 빠듯했다. 시간의 여백도, 마음의 여유도 없는, 목표와 성취만 가득한 계획표였다.

어쩌면 비극은 여기서 시작했으리라. 계획은 했으나 안 될 때를 고려하지 않아서, 하지 못했을 때를 대비하지 않아서, 예상하지 못한 변수가 생길 수 있음을 생각하지 못해서 계획대로 되지 않은 것 자체에 힘들어지고는 했다.

그때는 몰랐고, 설령 알았어도 인정하기 싫은 사실이 있었다. 그것은 바로, 내 의지대로 계획을 실천하는 것이 버거운 것만큼이나 노력의 대가로 계획한 것을 얻는 것은 어렵다는 사실. 그래서 어떻게 해서든 계획대로 이루기 위해 발버둥쳤다.

내가 세운 계획이었으니 나와의 약속을 깨고 싶지 않았다. '약속은 지켜야 하는 거야. 자꾸 타협하고 나약하게 굴지 마!' 강하게 나를 다그치며 노력했지만, 때로는 현실과 이상의 차이를 몸소 느꼈고, 계획대로 되지 않아 좌절하기도 했다. 때로는 좌절했고, 그런 경험은 나를 패배감과 무능력감을 느끼게 했다.

이런 일이 반복될수록, 그러니까 내가 이뤄내지 못하는 경험들이 축적될수록 결국 자존감이 낮아졌고 새로운 도전 앞에서 머뭇거리게 됐다. 패배주의. '어차피 또 결과는 안 좋을 텐데, 뭐하러 노력해? 성과가 없는 건 시간 낭비일 뿐이야.'

공무원 시험에 연이어 떨어진 경험이 내게 그랬다. 3년 동안 노력했으나 합격하지 못했으니 그 시간을 허비한 것이었다. 어디에 드러내고 싶지 않았던 실패한 경험일 뿐이었다.

그러나 단지 그것이 전부는 아니었다는 것을 한참이 지난 후에야 깨달았다. 참 악몽 같은 시간이었다고 규정한 그 시기를 겪음으로써 나는 계획하지 않았던 것들을 배울 수 있었으니까. 세상엔 노력해도 뜻대로 되지 않는 것이 있다는 것을, 실패의 순간이 괴로워도 그 과정을 잘 넘기고 나면 나는 더욱 단단해져 있다는 것을, 그리고 탈출구가 없을 것 같아 보이는 미로 속에서도 분명 빠져나올 구멍은 있다는 것을. 이 모든 것을 몸소 배우는 게 얼마나 괴로운지, 그리고 고통스러운 감정을 어떻게 이겨낼 수 있는지까지도 계획하지 않았던 것들을 경험하면서 알게 되었다.

내 뜻대로, 내 계획대로 되지 않았을 때 그로 인해 찾아오는 괴로움을 어떻게 이겨낼 수 있을까? 내가 낙담하고 있을 때 다시 일어설 수 있었던 것은 결국 다시 도전해보고 싶다는 '용기'였다.

공무원 시험에 떨어졌기 때문에 '나는 아무것도 못 할 거야'

가 아니라 '이 길이 내 길이 아니라면 또 다른 길을 찾아서 새롭게 도전해봐야지' 하는 용기. 그리고 이런 깨달음의 순간이 찾아왔을 때 주춤하지 않고 선택할 수 있는 용기. 이것들이 나를 다시 일어서게 했다.

그리고 가장 중요한 한 가지, 새로운 도전 앞에서 걱정되고 불안할 때는 최악의 순간을 그려보는 용기가 있었다. 최악의 순간을 그리면 아무리 나빠져도 그 끝이 예상했던 것 중 하나였고, 그 끝은 생각보다 치명타를 주지 않았기에 두려움을 어렵지 않게 떨쳐버릴 수 있다. '까짓것. 그래봤자 이 정도라면 괜찮아. 문제없어.' 이런 마음으로 계속 나아가길 선택할 수 있었다. 뿐만 아니라 현재의 나를 인정하고 용기를 내어 다른 선택을 할 때, 그리고 그 선택을 믿고 나아갈 때 새로운 삶이 시작되는 것도 배웠다. 새 삶은 실패가 아니라 또 다른 도전이자 성취를 향해 가는 것이었다.

누구나 원하는 것이 있고, 이루고 싶은 것이 있다. 하지만 그것들 중 어떤 것은 뜻하는 대로 이룰 수 없을 것이다. 이런 상처의 경험이 새로운 시작 앞에서 두렵게 만들고, 계획대로 되지 않을까 하는 걱정을 가져온다면 나에게 이렇게 말해주는 건 어떨까.

계획대로 되지 않더라도 너무 조급해하지 말자. 모든 것은 단지 과정일 뿐이고, 그 과정이 내 뜻대로 되지 않았다고 해서 원하는 곳에 도달하지 못하는 것은 아니니까. 때로는 그 과정을 통해 전혀 다른 새로운 길을 찾을 수도 있고, 더 좋은 결과를 얻기 위한 준비일 수도 있으니 조금만 더 용기를 내어보자. 두려움과 걱정은 사실 생각보다 별것 아닌 경우가 많다.

내 방학 시간표가 그러했고, 공무원 시험 결과가 그러했듯이 계획은 자의든 타의든 깨지고 좌절되기 쉽다. 그러나 깨지는 그 순간에도 목표와 의지만 잃지 않는다면 분명 계획한 것에 도달해 있을 것이다. 시기가 조금 달라도, 모양이 조금 달라도 말이다.

그러니 오늘도 'Keep standing.'

"안 될 일까지 되도록 하기 위해 너무 애쓰지 말아요.
모든 것이 내 뜻대로 되지 않는 건 너무 당연한 거니까요.
그건 내 잘못이 아니니까요."

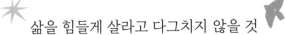

삶을 힘들게 살라고 다그치지 않을 것

비행기가 이륙하기 위해 빠른 속도로 내달릴 때, 독서 중이었던 나는 그 움직임 속에서 계속 책을 읽기 위해 허리를 세우고 고개를 숙여 책에 인쇄된 활자의 뒤를 쫓아가고 있었다. 아무 생각 없이 계속 책을 읽기 위해 집중했다. 비행기의 이륙이 지속될수록, 고개는 점점 아래로 숙여지고, 허리는 점점 굽어지면서 목에 강한 압력이 오기 시작했다.

점점 커지는 압력에 대항하며 무의식중에 목에 더 힘을 주고 책을 읽기 좋은 최적의 각도를 유지하려 노력한 것이다. 그러다 결국 목부터 머리까지 하얀 광선이 관통하는 느낌과 함께 강한 통증이 밀려왔다. 더는 고개를 숙이고 있기 힘들어지자 등받이에 몸을 기댄 채 잔뜩 힘이 들어가 있던 몸을 편히 쉬었다.

맙소사, 강한 압력에 대항하려는 힘을 풀고 나니 내 몸이 이렇게 가볍게 느껴질 수가. 책 몇 줄 더 읽기 위해 이렇게나 힘을 들이고 있었다니. 그동안 알게 모르게 이렇게나 많은 힘을 주고 살았던 것일까. 이미 굳어서 움직임조차 어색하게 되어버린 뒷덜미를 한참 주무르며 생각했다.

'그 5분, 10분이 뭐 그리 중요해서 이렇게 힘들이며 살아?'

단 한 번도 삶이 힘들지 않았던 사람이 있을까. 아니, 없을 것이라고 자신 있게 말할 수 있을 정도로 삶은 힘을 들이게 하고, 힘든 순간은 문득 찾아온다. 퇴근 무렵이면 자주 목격하는 축 처진 어깨에, 나도 모르게 내뱉는 한숨 몇 번에, 잔뜩 주름 잡힌 미간에 삶의 묵직함과 고됨이 고스란히 담겨 있다.

나 역시 많은 힘을 들이며 살았고, 가끔은 힘을 들인 만큼 돌아오지 않는 것에 괴로워하며 살았다. 그것은 내가 너무도 많은 힘을 쓰며 살았기 때문에 더 그랬을 것이다.

공부를 뛰어나게 잘하지 않았어도 좋은 대학을 노렸고, 그럴싸한 명함을 갖기 위해, 일을 잘하기 위해, 연애를 잘하기 위해, 좋은 딸, 좋은 부인이 되기 위해, 관계를 잘 유지하기 위해, 좋은 사람이라고 인정받기 위해 더 많은 힘을 들였다.

'삶은 원래 힘든 거야.' 지쳐서 주저앉아 있는 내게 이런 위로의 말을 해주는 사람이 있었다. 삶이 원래 힘든 거라면 나만 힘든 것도 아니겠구나. 그렇다면 힘을 내어 봐야지! 이렇게 생각하며 견딘 시간이 있었다.

물론 힘 들어가는 상황들이 모두 불필요한 것만도 아니었다. 어떤 노력은 어제보다 조금 더 괜찮은 오늘을 위해, 그리고 오늘보다는 조금 더 나은 내일을 위해 필요한 것이었고, 행복한 일상과 사랑이 가득한 관계를 유지하기 위한 것이었다. 어떤 것도 힘들이지 않고 이룰 수 있는 것은 없다. 아무것도 하지 않는 삶도, 내가 원하는 것만 하는 삶도, 어떤 모습으로 살든, 인생은 힘이 든다. 하지만 그렇다고 해서 줄곧 힘을 들이며 살라고 하면, 잔뜩 힘이 들어간 삶을 살 수 있을까? 용기를 내어 줄곧 힘을 내보다가 언젠가는 에너지가 없어서 혹은 더 이상 견딜 수 없어서 폭발하게 되지 않을까?

한때는 열심히 사는 것이 미덕일 때가 있었다. 아침형 인간을 넘어 새벽형 인간이 되라고 했고, 고난을 이겨내는 진취적이고 도전적인 성취형 인간이 각광받을 때가 있었다. 그런 대세의 흐름 속에서 밀려오는 잠을 카페인으로 몰아내며 육체의 피곤함을 무시하며 살았다. 그리고 결국 고장 난 압력밥솥처럼 폭발하는 시기가 찾아왔다. 비단 나만의 이야기는 아닐 것이다. 한 번쯤 이런 경험을 해본 적 있을 것이다. 번 아웃이 오거나 우울증이 오거나 극심한 감정의 롤러코스터를 타거나 의욕이 저하되거나 몸이 아프거나 하는 것들 말이다.

이 글을 쓰고 있는 지금은, 하얀 광선과 함께 찾아온 목의 통증은 사라졌고, 그래서인지 나는 여전히 삶에는 힘이 든다고 생각할 법한 하루를 살고 있다. 아니, 오히려 아직 뒷목이 뻐근했어도 마찬가지로 삶에는 힘이 든다고 생각하며 열심히 살았을 것이다. 한 번뿐인 인생 대충 살기는 더 싫으니까. 그러나 그런 하루하루를 살아가면서도, 강한 압력에 저항하거나 거센 맞바람을 맞서 이기려는 힘을 들이는 것은 지양하고 있다. 삶은 원래 힘든 거라고 나를 위로했던 말은, 그렇기 때문에 힘들게 삶을 살라는 말은 아니었을 것이다. 네 인생만 그런 거 아니니까 부디 좌절하거나 낙담하지는 말라는 말이었을 것이다. 고통의 연대. 그것이 그의 위로 방법이었을 것이다.

이제야 조금씩 배우고 있다. 삶에 힘이 든다고 해서 삶이 힘든 것은 아니라는 사실을. 너무 많은 힘을 들이며 사는 건, 이미 고갈돼버린 내 마음과 육체를 파내고 짜내고 끄집어내는 것이라는 걸. 힘들이며 삶을 살아도, 힘을 들이는 것은 내가 할 수 있는 범위의 힘을 내는 정도면 충분하다는 것을. 그것으로도 우리는 이미 충분히 잘 살고 있는 것이다.

뭐가 그리 중요해서 그렇게 힘들이며 살아.
뭐가 그리 중요해서 그렇게 주먹 쥐고 살아.
뭐가 그리 중요해서 그렇게 아등바등 살아.

삶의 무게가, 삶의 시련이 강한 관성으로 나를 바닥으로 끌어당길 때, 그때는 저항을 멈추고 잠시 몸에 힘을 빼보는 거다. 그러다가 관성이 약해지면, 그때 다시 힘을 내어봐도 좋으니까.

삶이 힘들게 느껴지고 인생에 쓴맛이 밀려온다면 그 순간에는 잠시 멈추고 나에게 가만히 말해주자. 힘들 땐 잠시 쉬어가자고.

"삶에 힘이 든다고 해서
삶이 힘든 건 아니에요."

보통 없는, 보통의 삶

보통을 꿈꿨다. 아주 오랫동안 나의 꿈이었다. 보통의 사람들처럼 적지도 많지도 않게 보통 정도는 되게끔 살고 싶었다. 그런데 그 꿈은 쉽게 이뤄지지 못했고, 내 인생 어느 순간에 찾아온 한 사건을 계기로 더는 보통의 삶을 살 수 없게 되었을까 의심하며 좌절했다. 하늘을 원망했다. 듣고 있다면 소리치고 삿대질이라도 퍼붓고 싶었지만, 그렇게 하면 천벌을 받을까 두려워 조용히 마음속으로 원망의 말을 삼켰다.

'내가 많은 걸 바란 게 아니잖아요. 그저 남들처럼 평범하게, 보통의 사람들처럼 살 수 있게 해달라는 거였잖아요.'

그렇게 난생처음 신을 원망했다. 신은 변덕쟁이거나 괴팍한 성격일 거라고 생각했다. 어쩌면 우리가 믿는 신은 만들어낸 거짓 이미지 속에 존재하는 거라고 생각했다. 만약 아버지께서 돌아가신다면 내가 결혼해서 아이를 낳고, 그 아이가 커서 할아버지라고 부르며 품 안에서 뛰어논 이후가 되기를 바랐다. 남들은 다 그렇게 사니까. 그것이 보통이었으니까. 그러나 나는 결국 남편과 함께 손을 잡고 버진로드를 걸었다. 아버지께서는 그보다 한참 전에 돌아가셔서 그 이후 나를 만난 사람들이 "느그 아버지 뭐 하시노?"를 시전할 때마다 하늘나라에 계신다는 대답을 했다. "뭘 하고 계신지는 모르겠고, 하늘나라에 가셨어요." 뭐 하시냐고 묻는 말에, 어디에 계신다고 대답해야 하는 내 신세가 참, '보통은 아니구나. 평범한 것도 아니구나'라고 생각했다.

아버지의 죽음 이후, 내 삶의 가장 큰 목표는 평범하게 사는 것, 보통 사람들과 다를 바 없이 사는 것이 됐다. 그래서 공부했고, 대학을 갔고, 취업을 했고, 부지런히 돈을 벌었다. 목표는 평범해지는 것뿐이었다.

나에게 보통의 삶이란, 부모님 모두 건강히 살아계시며, 돈도 부족하지 않게 버는, 거기에 사랑이 넘치는 화목한 가정. 대학을 나와 번듯한 직장에 취업하고, 비슷한 수준의 이성을 만나 30평대 아파트를 자가로 매입해 화목한 가정을 꾸리는 것. 가끔은 여행도 가고 필요한 것도 사고 외식도 하는 경제력을 유지하는 것. 마음 통하는 친구가 여럿 있고 삶을 두근거리게 할 꿈이 있는 것이었다. 어떤 것은 이미 깨져버린 것이었지만.

흔히 이 시대를 살아가는 사람들의 평균값. 그 정도의 언저리에 자리 잡는 게 보통인의 삶이었던 것이다. 그러나 평균이란, 평균에 미치지 못하는 것들과 평균을 초월한 것들이 만들어낸 중간값일 뿐이지 않던가. 중간값보다 밑에 있다고, 중간값보다 위에 있다고 이상할 것도 문제될 것도 없는데 나는 왜 평균값 좌우로 존재하는 수많은 것들을 외면했을까. 평균값보다 평균값이 아닌 것들이 더 많은데, 왜 평균값이 대세가 되어야 한다는 말인가.

결혼을 하자 많은 사람이 아이는 언제 낳을 건지 물었다. 그게 왜 궁금하냐 물으면 "다들 결혼하면 아이를 낳으니까"라는 답이 돌아왔다. 아, 결혼을 하면 아이를 낳는 게 보통의 흐름인데, 나는 이번에도 그 보통의 흐름에서 벗어난 사람이 됐다.

"때가 되면. 안 생기면 어쩔 수 없고"라고 대답하자 무슨 문제가 있는 건 아니냐, 병원은 가봤느냐 하는 식의 보통의 걱정들이 이어졌다. 남들도 다 그렇게 한다는 말로 포장된 '보통'이라는 단어가 거슬리기 시작했다.

'그래도 남들처럼은 살아야지. 남들도 다 하는데. 너만 유별나게 굴지 마라.'

그래서 보통의 사람처럼 살고 싶어서 죽어라(까지는 아니어도 열심히) 공부했고, 뼈빠지게 일했고, 사람을 참고, 감정을 죽이며 살았는데, 도대체 뭘 더 어떻게 해야 보통으로 살 수 있을까.

무엇이 보통일까. 보통이라는 게 과연 있기나 한 걸까. 내가 보통이라고 생각했던 보통의 것들은 정말 보통인 것일까.

보통의 시작은 비교에서 비롯된다. 서로의 모양새를 비교하지 않으면 무엇이 많고 적은지, 무엇이 같고 다른지 알 수 없으니까. 보통이 되려고 해도 내가 보통인지 아닌지 알기 위해 또 비교를 해야 한다. 그리고 언제나 그렇듯 비교는 마음에 상처를 준다. 인간의 마음이란 보통을 노래했어도 자꾸 더 높은 보통과 더 높은 지점의 평균값을 선호하게 되고, 보통에 미치지 못하는 자신의 처지를 미워하게 되어 있으니까. 또한 '보통'이라는 단어는 폭력적이다. 보통에 속하는 사람과 그렇지 않은 사람을 구별 짓고, 보통에 속하지 않은 사람을 이상하게 여기니까.

애당초 '보통'이 존재한다는 명제는 참이 아닐 것이다. 세상에 영원한 보통은 얼마 되지 않을 테니 말이다. 우리가 보통이라고 생각했던 일상의 풍경이 얼마나 많이 변했는지만 봐도 영원한 보통은 존재하지 않음을 깨닫게 된다.

지금은 마스크를 쓰고 다니는 것이 보통인 시대가 되었지만, 몇 년 전만 해도 마스크로 얼굴을 가리고 다니면 수상한 취급을 받았고, 지금은 집마다 정수기를 놓거나 생수를 사다 먹는 게 다반사지만 예전에는 생수를 판다고 하면 봉이 김선달 취급을 받지 않았던가. 자꾸만 변하는 세상에서 불변의 보통이란 존재하지 않을 것이다.

나에게 보통의 신화는 이제 산산이 부서졌다. 그렇기에 애당초 보통이 아니라고 비관했던 내 처지도, 남들과는 달라 보이는 또 다른 것들도 모두 나에게는 보통이었고 평범한 것이었음을 받아들인다. 그리고 나와 다르고 세상과 다른 당신의 삶도 마찬가지로 당신만의 보통이라고 말해주고 싶다.

그 어떤 절대적인 기준도 없는 보통에 대한 꿈을 이제는 내려놓는다. 지금 내가 살아가는 이것이 나에게는 보통인 거라고, 나와 달라도 당신이 살아가는 그 방법 역시 보통인 것이라고 믿는다. 보통이 되고자 했던 나의 꿈은 그래서 변했고, 그래서 여전히 유의미하다. 이제 비교와 타인에 의해 만들어진 세상의 기준이 아닌, 내가 만들어낸 보통의 기준대로, 나만의 보통을 만들어 갈 생각이니까 말이다.

우리의 보통은, 이름만 보통일 뿐, 세상 어디에도 없는 유니크한 것이자 의미 있는 것임을 믿는다. 보통 사람의 보통 이야기는, 그렇기 때문에 오늘도 쭉 계속될 것이다.

"지극히 보통인 우리가 만들어가는
지극히 특별한 이야기들.
그 소중한 삶의 이야기를 응원합니다."

Part 5

행복이 온통 회색빛인 당신에게,

"우리가 행복하면 좋겠습니다"

인생의 마라톤을 달리는 방법

흔히 인생을 마라톤에 비유하고는 한다. 42.195km를 달리는 마라톤 경기에서 우리나라 최고 기록을 경신한 이봉주 선수의 기록은 2시간 7분 20초. 짧으면 짧고, 길면 긴 이 시간에 농축된 고통을 인생의 마라톤에서는 100여 년으로 나눠 겪으며 살아가는 셈이다. 그리고 누구나 그렇듯 우리는 초보 마라토너다. 42.195km를 오롯이 아무런 노하우 없이 달려야 한다.

육상 경기에서는 페이스메이커가 있다. 페이스메이커는 다른 선수를 위해 속도를 조절함으로써 특정 선수가 대회에서 좋은 기록을 낼 수 있도록 만드는데, 우리의 인생에는 이런 페이스메이커가 없다. 모두 자신의 인생을 홀로 살아가야 한다. 차이가 어디 이것뿐일까.

마라톤에는 오르막길과 내리막길이 있고, 진흙탕이 있다. 때로는 경기 도중 비가 내리기도 하고, 폭염이나 강풍을 만나기도 한다. 그러나 뜻밖의 상황은 누구에게나 동일하다. 똑같은 험난한 코스를, 똑같이 비협조적인 날씨 속에서 달린다.

마라톤은 같은 코스를 뛰어 순위를 다투지만, 인생의 레이스는 저마다 각양각색이다. 누구의 레이스는 평탄한 꽃길이고, 누구의 레이스는 연이어 이어진 비탈길이고, 누구의 레이스에는 강풍이 불거나 선선한 바람이 불기도 한다. 그런데 이상하게도 공평하지 않고 같지 않은 코스가 마음에 들지 않고, 평탄하지 않은 내 코스에 자꾸 신경이 쓰인다.

'나도 저 옆 사람처럼 꽃길을 달리고 싶은데.'

한 남자의 이야기를 들려주고 싶다. 광고회사에서 일 잘하기로 인정받는 남자는 인생을 잘 살고 있었다. 혼자 사는 장인어른이 좀 까칠한 것만 빼면 말이다. 어느 날 아내의 연락을 받고 찾아간 장인어른 집에서, 운동화 끈을 묶기 위해 허리를 숙인 남자는 손가락이 제 뜻대로 움직이지 않는다는 사실을 알게 되었다. 그날 저녁, 가족이 함께 한 식사자리에서 젓가락질을 못해 초밥 조각을 와인잔에 떨어트렸을 때도 그는 대수롭지 않게 생각했다.

그런데 다음 날 아침, 말이 제대로 나오지 않았고, 매일 아침 출근한 회사도 떠오르지 않았다. 병원을 찾아갔다. 병명 다발성 경화증. 시력이 멀 수도, 팔다리가 굳을 수도, 청각과 미각을 상실할 수도, 말을 못 하게 될 수도 있는 이 병은 죽을 때까지 재발과 호전을 번갈아 하는 무서운 병이었다.

남자는 부인했지만, 점점 진행되는 병세에 결국 자신의 병을 받아들였고, 재활치료를 시작했다. 그러던 중 같은 병으로 치료를 받고 있던 다른 환자의 "이제 곧 100m도 가지 못하게 될 거야"라는 말에 자극을 받아 아이언맨 대회에 출전하기로 결심한다. 수영 3.8km, 자전거 180km, 달리기 42km를 17시간 이내에 통과해야 하는 철인 3종 경기였다.

그러나 운명의 장난이 그를 한 번 더 찾아왔다. 열심히 연습하던 그의 오른쪽 다리에 마비가 찾아온 것이다. 출전을 포기한 그는 실의에 빠졌지만, 주변의 응원으로 다시 재활을 시작했다. 굳은 다리가 부자연스럽게나마 움직이기 시작했고, 노력에 노력을 거듭해 수영도, 달리기도, 사이클도 가능하게 되었다.

1년 후 다시 출전의 날. 그는 가족의 격려를 받으며 아이언맨 대회에 출전했다. 수영, 사이클, 달리기 순으로 이어지는 코스마다 다른 선수들이 그를 앞질러 갔다. 지독한 고통이 그를 찾아왔다. 그는 주저앉았고, 멈춰 섰고, 쓰러졌다.

그런데 그럴 때마다 자신을 응원해준 사람들의 메시지가 그를 붙잡았다. 16시간 56분을 넘은 시간. 하나둘 철수하는 경기장 안으로 한 남자, 바로 그의 모습이 보였다. 이제 남은 거리는 단 100m. 그를 기다렸던 가족들이 그를 향해 달려왔다. 앞으로 남은 거리 80, 70, 60m. 결국 그는 결승점에 도달하며 아이언맨

이 되었다.

이 남자의 이야기는 영화 〈100m〉에 나온 주인공의 이야기이다. 그리고 이 영화 속 주인공의 이야기는 스페인의 어느 30대 남성의 실화이기도 하다. 그 뒤로 그는 여러 마라톤 대회, 철인 3종 경기에 출전했고, 병이 3년 동안 재발하지 않았다고 한다. 그 뒤에는 재발했지만, 그럼에도 그는 인생을 포기하지 않고, 자신의 한계에 도전하며 끊임없이 성공을 이뤄냈다.

고난은 언제고 우리를 찾아온다. 때로는 가장 잘나갈 때 찾아와 나를 쓰러뜨리고, 때로는 구렁텅이에 빠졌을 때 다시 한번 우리를 밀어 넣는다. 고난이 아주 잠깐 나를 스쳐 지나가면 다행이지만, 어쩌면 어떤 고난은 내 인생을 송두리째 바꿔버리는 것일 수도 있다. 고난은 미리 준비한다고 나를 피해 가는 것도, 미리 준비하지 않았다고 찾아오는 것도 아니다.

한때 나를 찾아왔던 시련은 어떠했을까. 과연 신이 내게 이겨낼 수 있는 시련만 주는지 의심하며 원망했던 그 고통의 순간들도 돌이켜보면 극복하고, 이겨낼 수 있는 것들이었다. 다만 그때의 내게는 극복해낼 의지와 지혜와 용기가 없어서, 더 오래 고통스러웠고 더 많이 아팠다. 그러나 나는 버텨냈고, 그 고통에서 벗어났다. 비록 소극적인 방법이었다 하더라도, 내가 더 강해질 시간을, 그리고 고통이 약해질 때를 기다리며 결국 고통을 극복했다. 덕분에 지금은 내 꿈의 소중함을 알게 되었고, 행복과 감사가 넘치는 삶의 자세를 배우게 되었다. 삶은 그저 우리가 원하지 않는 방식으로도 말을 걸어올 뿐이었다.

세상엔 극복하지 못할 어려움은 없다. 다만 극복하지 못할 것이라는 약한 마음이 발목을 잡고 있는 것이다. 인생의 마라톤은 누가 빨리 결승선에 도달하느냐가 아닌 누가 끝까지 달리느냐가 중요한 경기다. 어느 길이든 꾸준히 묵묵히 달린 사람은 속도와 상관없이 모두 승자였다.

끝까지 달려나갈 의지가 있다면 그 레이스 끝에는 결승 테이프를 끊고 들어가는 성취의 기쁨이 기다리고 있을 것이다.

"삶이 원치 않는 말을 걸어올 때
잠시 쉬어간다고 생각해보면 어떨까.
그 말의 끝에는
분명 내가 원하는 답이 있을 거라는 믿음을 가지고."

오늘도 좋은 일이 생길 거예요

'오늘도 좋은 일이 생길 거예요.'

열차를 기다리는 동안 불현듯 찾아온 지루함을 깨트리고 싶어서였을까. 밝게 빛을 내는 광고판에 써진 문구가 눈에 들어왔다.

사람들이 우울하고, 지쳐서 위로가 필요할 때다. 일이 버겁고, 매일 반복되는 하루가 지겨워서 새로운 시선이 필요할 때다. 분홍 꽃과 분홍빛 문구는 바라보고 있는 사람의 마음을 분홍빛으로 살짝 물들게 만든다. 어쩌면 그 문구가 갑자기 눈에 들어온 건 내가 위로를 받고 싶어서일지도 모른다. 무엇을 하든 오늘도 내일도 괜찮을 거라는 말을 듣고 싶어서일지도 모른다.

바람은 그렇게 무의식중에 남의 이야기처럼 드러난다. 사실,

모든 것은 다 내 이야기였다고, 네 이야기가 아니었다고. 그래, 인정하자. 그 모든 것은 내 바람이었다. 그것이 설령 누군지 모르는 아무개가 만들어놓은 광고판에 박힌 가벼운 마음의 문자일 뿐이라도, 문장이 내게 다가와 따뜻한 손길이 되고 듬직한 힘이 되었으니 그것은 이제 단순한 문자 정도가 아니다. 우리 사이엔 짧지만, 그보다 강한 연결이 생겼다.

오늘도 좋은 일이 생기길 바라는 나는, 아니, 오늘보다 더 불확실한, 미래라는 시간에조차도 좋은 일이 생기길 바라는 나는 '오늘도 좋은 일이 생길 거예요'라는 문장을 가만히 들여다본다.

오늘'도'라고 했다. 그렇다면 나에게는 어제도, 그제도 좋은 일이 생겼을까. '도'는 반복되고 지속되는, 그전의 것이 지금과 앞으로도 이어진다는 의미이니까. 그렇다면 내일도, 모레도, 좋은 일이 생기게 될 것이다. '도'와 연결되는 '거예요'라는 확신이 그래서 더욱 다행스럽게 느껴진다. 좋은 일이 시간의 연속선상에서 단절되지 않고 이어진다면, 오늘이 자꾸 나의 발목을 잡고, 마음을 아프게 하는 것처럼 느껴지는 것은 착각일 뿐이라고, 오해하고 있는 것이라고 위로할 수 있으니까.

되도록 좋은 일이라는 것을 지속하고 싶지만, 미래는 아직 미지의 대상이다. 그렇다면 과거는 어땠을까. 내가 보낸 시간에는 좋은 일이 있었을까. 그렇거나 아니라는 이분법적인 편 가르기는 하지 말자고 생각하면서도, 자루에서 알이 굵은 콩알을 골라

내듯, 내 기억 속 파편들을 헤집고 있다. 찾았다. 그리고 또 여기, 찾았다. 그제도, 어제도, 오늘도 좋은 일은 일어나고 있었다. 다만 좋은 일보다 안 좋은 일이 더 많이 떠오르고, 즐겁고 행복한 기억보다 그렇지 않은 기억이 더 선명하게 자리 잡을 뿐이다. 그래서 잊고 있었다. 좋은 일은 어제도, 오늘도 있었고, 내일도 있을 것이라는 걸.

'좋은' 일이라는 것은 무엇일까. '좋은'이라는 형용사는 어떨 때 사용할 수 있을까.

내가 원하는 것을 얻었을 때? 기쁘거나 행복할 때? 근심걱정이 없을 때? 화목할 때? 일확천금을 얻는 행운이 찾아왔을 때? 부족함이 없을 때? '좋은' 하면 떠오르는 것들을 나열하고 나니, 좋은 것이란 내가 그토록 바라고 원하는 것들이었다. 고통, 실패, 좌절, 실수 같은 되도록 만나고 싶지 않을 것들과 반대의 영역에서 빛을 내고 있는 것들을 좋은 것이라고 생각했다. 그러나 어둠이 있어서 빛이 존재한다는 말처럼 좋은 것이란 좋지 않은 것이 존재하기 때문이라는 것을, 좋은 것과 그렇지 않은 것은 상대적이라는 것을 지겹게 들어서 알고 있다. 그리고 또 지겹게 말했다. 둘은 서로 한끗 차이일 뿐이라고. 그래서 실수에도 배울 것이 있다고, 실패에서도 얻는 것은 있다고 말이다.

이별 뒤에 새로운 만남이 있고, 상처가 아물면 더 단단해지는 것처럼, 좋지 않은 것의 좋은 점과 좋은 것의 좋은 점을 알고 있다. 그러나 감정은, 알고 있는 것과 아는 것을 행동으로 옮기는 것을 명확히 구분하게 만든다. 머리만 똑똑해서 입만 신나게 떠드는 사람은 되지 말자. 내게 좋은 것이란 이 모든 것이라고 말할 수 있을 때까지, '좋은'을 향한 집착을 버려볼까.

그러고 보니 문장은 '생길 거예요'라는 말로 끝이 났다. 좋은 일이든, 좋지 않은 일이든, 일은 생기는 것일까, 생기게 만드는 것일까. 생각을 단순화하기 위해 다시 이분법으로 나눠본다. 그리고 답은 대부분 그랬듯 중립을 향한다. 생기는 것도 있고, 생기게 된 것도 있겠지.

생기는 것은 내가 어쩔 수 없는 것이고, 생기게 만드는 것은 내가 어찌할 수 있는 것이다. 내 삶을 수동적으로 살 것인지, 능동적으로 살 것인지 선택하라면 이 이분법에 대한 답은 명확하다. 바로, 능동적으로 살겠다는 것. 내가 주인공이 되어, 주체가 되어, 적극적으로 살 거라는 것. 그렇다면, 좋은 일이 마냥 생기기를 기다리고 있을 수는 없다. 생기지 않는다면 생기게 만들어야지. 내가 내 인생의 주인이자 조력자가 되어 좋은 일이 더 잘 생기도록 유도하고, 도와야지.

오늘도 좋은 일이 생기도록 하기 위해 나는 어떻게 해야 할까. 고민이 꼬리를 물고 늘어지다, 결국 '어떻게' 할 것인가에 다다랐다. 나는 오늘도 선택하고 행동하고 생각할 것이다. 지금이 그렇게 흘러가게 계획된 삶의 흐름이었더라도 나의 의지가 모조리 소멸하지는 않았음을 드러내기 위해서.

"낙담할 필요도, 우울할 필요도 없어요.

분명, 오늘도 좋은 일이 생길 거니까요."

바나나 알러지, 원숭이는 왜 괜찮을까?

　원숭이 한 마리가 있었다. 바나나 알레르기가 있는 원숭이. 친구들은 원숭이가 바나나도 못 먹는다며 놀렸지만, 원숭이는 바나나 알레르기가 있는 것이 속상하지 않았다. 주변에서 동정하는 척하며 비웃을 때, 나는 바나나를 사랑한다며 값싼 동정은 필요 없다고 당당하게 거절했다. 그러던 어느 날, 엄마 원숭이가 가져온 바나나우유를 마신 원숭이는, 바나나는 먹지 못해도 바나나우유는 마실 수 있어 행복하다고 말했다.

　걸그룹 오마이걸이 부른 '바나나 알러지 원숭이'의 가사를 이야기로 풀어본 것이다. 처음 '바나나 알러지 원숭이'라는 제목을 봤을 때, 너무 슬퍼서 나도 모르게 눈물이 났다. 인간이 만들어놓은 환상일 수도 있지만, 내가 아는 원숭이는 바나나를 좋아하는데 알레르기가 있으면 그 좋아하는 바나나를, 그 맛있는 바나나를 먹지 못하게 되는 것 아닌가. 내가 생각하기에는 바나나 알레르기를 앓고 있는 원숭이에게는 종족이 좋아하는 것을 마음껏 누리지 못하는 것이 콤플렉스였을 테지만, 내 예상과 달리 원숭이는 그런 자신을 당당히 드러내며, 오히려 바나나를 좋아한다고 말했다. 제목만 봤을 때는 나 혼자 감상에 젖어 슬펐지만, 멜로디와 함께 가사를 음미하니 원숭이의 말이 치기 어린 마음에 내뱉은 거짓말이 아니라는 생각도 들었다. 원숭이에게 이런 문제가 있는 것처럼, 나에게도, 우리에게도, 이런 문제들이 한두 개쯤은 있다. 우리가 단점, 혹은 콤플렉스라고 생각하는 것들이 바로 그것이다.

어느 날, 장점과 단점을 10개씩 써보라는 요청을 받았을 때, 장점을 5개 쓸 때쯤 속도가 점점 느려지더니, 7개를 썼을 때는 펜이 멈춰 섰다. 조금 더 끌어내기 위해 고민하다가 단점을 적기로 했는데, 맙소사! 펜이 모터를 단 듯 빠르게 움직이며 순식간에 10개를 돌파하더니 15개를 향해 나아가고 있지 않은가.

자신을 타인보다 더 냉정하게 인식하는 내 모양새에 왠지 억울해져서, 단점을 들킨 나를 변호하기라도 하려는 요량으로 내가 적어놓은 단점을 가만히 들여다봤다. 그러다 자기소개서를 써봤거나 면접 준비를 해본 사람이라면 한 번쯤 들어서 알고 있는 진리, 나의 단점을 거꾸로 하면 장점이 될 수 있다는 생각이 떠올랐다. 단점이 꼭 단점뿐일 리는 없다. 동전의 양면처럼 뒤집으면 좋은 구석도 있을 것이 분명했다. 자, 이제 나를 바라보는 시선에 온기를 담아보자. 전보다 따뜻해진 눈빛으로 나를 바라보며 단점 뒤집기를 해봤다.

내가 단점이라고 생각했던 끈기가 부족한 것은 무리하지 않거나 내가 원하는 것에 집중하기 위해 에너지를 잘 분배하는 것으로 해석할 수 있지 않을까. 그다음, 걱정이 많다는 단점은 미리 안 좋은 상황을 준비하기 때문에 막상 실제로 발생했을 때 마음의 상처가 덜 할 수도 있을 것이다. 그러니까 관점을 달리하면 단점이나 콤플렉스가 무조건 나쁜 것이 아니라는 말이다. 이면을 보거나 보완점을 알면 오히려 나의 무기가 되고, 장점이 될 수 있다.

그런데 꽤 쓸모 있는 이 사실을 가끔 잊어버리고 산다. 그래서 단점을 고치기 위해 노력하거나 남에게 들키지 않게 꼭꼭 숨긴다. 콤플렉스를 들키지 않도록 가리고, 단점을 단점인지 모르도록 오히려 과장하고 무리하고는 했다. 몸집 작은 짐승이 적을 만나면 털을 곧게 세워서 몸집을 크게 부풀리는 것처럼, 내 능력을, 나라는 존재를 과장하고 포장했다. 하지만 언제까지 이렇게 무리하면서 살 수 있을까. 하루 이틀도 아니고, 일 년 이 년을 이렇게 과장되게 살 수는 없는 노릇이지 않은가.

어떻게 해야 나를 조금 더 편하게 해줄 수 있을까. 어떻게 해야 단점들로부터 불행이 아닌 행복을, 적어도 괜찮음을 느낄 수 있을까. 방법은 간단했다. 그것은 바로 나의 단점을 일부러 숨기는 노력을 멈추는 것이다. 단점을 숨기지 않고 드러내면 더는 단점이 되지 않으니까.

단점을 숨기려는 마음을 내려놓으면 '사람들이 눈치채면 어쩌지?' 하는 걱정을 더는 하지 않아도 된다. 단점을 가지고 있으면서도 그렇게 낙인 찍히지 않기 위해 무리하게 노력하지 않아도 된다. 내가 꼼꼼한 사람이 아니어도, 아침형 인간이 아니어도, 금방 잘 잊어버려도 어떤 모습이든 상관없게 된다.

물론 내 단점이 세상 밖으로 공개되는 것은 위험천만한 일이고, 어리석은 일처럼 느껴질 수 있다. 적자생존, 약육강식의 세계에서 내 취약점은 이것이니 마음껏 공격하라고 알려주는 꼴이 될 테니까. 그래서 단점을 드러내는 것은 어리석은 행동이라고 말하는 사람들을 종종 만난다.

하지만 바나나 알레르기가 있다고 공개한 원숭이는 자신의 콤플렉스를 숨기지 않았기에 더 당당했고, 바나나우유라는 차선책을 기쁜 마음으로 받아들였기에 진심으로 행복할 수 있었다. 생각과 자기 자신을 바라보는 시선이 바로 섰기에 다른 원숭이들의 동정 어린 태도를 당당히 거부할 수 있었던 것이다.

나 스스로 콤플렉스 앞에 당당해졌을 때, 그것에 공감하는 사람들의 위로를 받을 수 있고, 내가 거부했던 내 모습이 별것 아닌 사소한 것이 될 수도 있고, 보완할 어떤 방법을 찾아 더는 그로 인해 상처받을 일도 줄어들 것이다. 설령 내 콤플렉스나 단점을 알고 공격하는 누군가가 있다면, 그런 사람은 일찌감치 내

게서 차단하자. 그 정도의 마음 씀씀이를 가진 사람은 내 곁에
한 트럭이 있어도 백해무익하니까.

바나나 알레르기가 있는 나를 미워하지 않고 오히려 그마저
도 사랑한 원숭이처럼, 부디 어떤 콤플렉스든 그 앞에서 주눅
들지 않는 우리가 되기를. 언젠가 그런 단점도 자신만의 무기가
되어 세상을 살아가는 데 도움을 주는 것이 되기를 바란다.

"단점 하나를 없애는 시간에
장점 하나를 키워보면 어떨까요?
고유한 나만의 무기를 갖게 될 거예요."

내 인생의 의미는 내가 만든다

내가 이 세상에 태어난 의미가 무엇일까?
도대체 내 인생은 무슨 가치가 있는 걸까?
인생은 이런 과정을 통해 내게 무엇을 알려주고 싶은 걸까?

삶을 찾아오는 수많은 변곡점을 지날 때, 이런 질문들이 문
득 찾아왔다. 이 시련이 아무런 의미가 없다고 한다면 왠지 억
울했고, 시련을 정당화 하고 고난의 이유를 찾아야만 견뎌낼 수
있을 것 같았다. 그러나 궁금증을 이어갈수록 답은 명확하지 않
고, 오히려 내 인생은 명확하게 찌그러졌다. 가치와 의미와 배
움을 대하는 나의 이면에는 비교와 불만족과 수동적인 자세가
있었기 때문에.

내 인생에 가치가 무엇인가에 대한 의문에는 남들보다 열등한 내 환경에 대한 불만이 있었고, 내 인생엔 어떤 의미가 있냐는 질문에는 스스로 내린 답에 순응하거나 만족할 수 없는 반항심이 있었고, 이를 통해 무엇을 알려주고 싶은 거지라는 질문에는 이런 배움 따위는 필요 없으니 잘 먹고 잘살게 해달라는 바람이 있었다. 그래서 나는 내 인생이 누더기를 걸친 무엇인 것 같았고, 인생이라는 무대의 조연 같았다. 하지만 세상 전체를 보면 조연일지 모르는 내 인생은 지극히 개인적인 나라는 시선에서 보면 주연이었다. 내가 내 인생의 무대를 전체가 아닌 나에 포커스를 맞추면, 역할의 중요도가 아닌 의미에 포커스를 맞추면 말이다.

나의 시각 자체가 틀렸다. 비교를 버리면 원망도 미움도 사라진다. 있는 그대로를, 내가 가진 것을 바라볼 수 있게 된다. 나는 의미와 가치, 시련의 이유에 대한 집착을 내려놓고, 내 인생의 주연이 되고자 마음먹었다. 어떤 옷을 입었는지, 어떤 역할을 하고 있는지는 중요하지 않았다. 그저 내 삶의 주인공처럼 잘 살면 그만이었다.

시간이 조금 흐르고, 그 무렵 내가 찾아 헤맸던 내 인생의 의미가 무엇인지 다시 생각해본다. 나는 단지 꽃이 피듯, 강아지가 태어나듯, 바람이 불듯, 파도가 치듯, 그렇게 그냥 자연스럽게 이 세상에 태어났다. 그 어떤 목적도, 의미도 없이 이 세상에 태어났다. 수많은 정자가 난자를 향해 달리는 것은 그런 성질을 가진 것 때문이지 그중 어느 하나의 의지가 강력해서도, 특별히 사명을 전달받아서도 아니다. 그저 우연히 활기찬 꼬리를 가진 정자가, 하필 그달에 나온 난자를 만났다. 그 우연한 사건으로 나는 세상에 태어났고, 그렇기 때문에 내가 태어난 것에 거창한 이유도, 가치도 없어 보인다.

하지만 그럴싸한 의미 없이, 우연히 태어났기 때문에 인생의 의미가 없다는 말을 하려는 것은 아니다. 태어나면서부터 내게 주어진 의미가 없다는 것일 뿐, 그렇기 때문에 이를 악물고 인생을 살 필요도, 거창한 소명을 짊어진 채 살 필요가 없다는 것일 뿐이다.

삶의 의미는 내가 만드는 것이고 내가 찾아내는 것이며 내가 규정하는 것이면 된다. 내 인생의 가치는 무엇인지, 이 시련이 어떤 가치가 있는지 고민할 필요가 없다. 의미야, 가치야, 내가 해석하기 나름이고, 내가 찾기 나름이니까. 더 이상 답을 찾지 못해 끙끙댔던 질문을 내려놓고, 더 유용한 질문을 던져보자.

"내 인생의 주연으로서 나는 어떤 의미를 이뤄갈 것인가. 그리고 그 의미를 실현하기 위해 어떻게 살 것인가."

어쩌면 내가 찾아야 하는 삶의 의미는 전 세계적이고, 대승적인 것이 아닐지도 모른다. 지극히 개인적이고 지극히 평범하고 지극히 나를 위한 목표와 의미, 그것이어도 충분하다.

《오늘 내가 살아갈 이유》의 저자 위지안은 노르웨이에서 공부를 마치고 고국인 중국으로 돌아와 중국의 화석 연료를 대체할 에너지를 생산하는 에너지 숲 프로젝트에 참여하지만, 얼마 안 가 자신에게 찾아온 암 때문에 꿈과 비전을 포기할 수밖에 없었다. 낙담하고 좌절하고 원망할 수도 있는 상황이었지만, 그녀는 '오늘도 아프고 내일도 아플' 그 순간에도 이렇게 생각했다.

"그러나 더 이상 이런 나날들을 시련이라 부르고 싶지 않다. 스스로 이 삶의 고삐를 움켜쥐고 마침내 내 운명의 주인이 되기 위한 시험이라고 부를 것이다."

그녀는 이 시험을 아주 훌륭하게 통과했다. 운명을 바꾸기보다 운명을 맞이하는 자세를 바꾸며 당당히 자신의 인생의 주인으로서 살기를 선택한 것이다. 시련에 굴복하지 않고, 내 인생의 주인이 되기로 마음먹으면서부터, 사소한 행동에 녹아있는 사랑의 마음을 느꼈고, 자신의 받은 사랑을 되돌려주기 위해 노력했으며, 이별의 순간을 생각했으며, 그래서 사랑하기를 뒤로 미루지 않았고, 남아있는 시간 동안 병에 고통스러워도 마음은 굴복하지 않고 두려움을 이기며 견뎌냈다.

다시 나를, 그리고 우리를 찾아온 질문. "내 인생의 주인으로서 나는 어떤 의미를 이뤄갈 것인가. 그리고 그 의미를 실현하기 위해 어떻게 살 것인가."

이 삶에서 무엇을 이룰 것인가. 그리고 그것을 이루기 위해 어떻게 살아갈 것인가. 내가 찾은 그 첫 번째 답은 오늘 하루를 잘 보내는 것이다. 소중하고 감사한 오늘을 행복과 사랑이 충만하게 보낼 것. 그래서 죽는 그 순간에 미련을 남기지 않을 것.
그러기 위해서,

나를 사랑하고,
내 삶을 사랑하고,
나를 둘러싼 사람들을 사랑하고,
내 세상을 사랑하고,
내 꿈과 내 시간을 사랑할 것.
바로 지금, 사랑할 것!

사랑이 넘쳐흐르는 충만한 하루를 통해 행복을 느끼며 사는
것. 내가 주인인 삶을 사는 것. 그것이 우리가 삶을 살아가는 방
법이자 이유이다.

"당신은 인생이라는 멋진 연극의 완벽한 주연입니다.
그리고 그 엔딩까지 가슴 벅찬 이야기들이 가득할 거예요.
오늘, 당신의 연극은 멋진 이야기가 펼쳐졌을 거라 믿어요."

기대하라, 그만큼 기쁨이 클 수 있다면

농부는 씨앗을 심으며 무럭무럭 자라 열매를 주렁주렁 맺길 기대하고, 직장인은 하루하루 열심히 일하며 노동의 대가를 지불받는 날을 기다린다. 열심히 공부했다면 좋은 성적을 받길 기대하고, 친구에게 살갑게 대하는 사람이라면 사람과의 관계에서 문제가 생기지 않기를 기대할 것이다. 그리고 5,000원을 주고 로또복권을 산 후에는 토요일 8시 35분 로또 당첨 번호를 확인하며 1등이 당첨되길 기대한다.

기대. 어떤 일이 원하는 대로 이루어지길 바라면서 기다리다. 하루에도 수십 번을 기대하며 산다. 식사를 할 때는 밥이 맛있을 것이라는 기대, 예능 프로그램을 볼 때는 이번 회차도 재미있을 것이라는 기대, 글을 쓸 때면 영감이 번뜩 떠올라 스스로 읽어도 닭살이 돋을 정도의 글을 쓸 것이라는 기대, 저울 위를 오를 때면 조금 가벼워져 있을 것이라는 기대.

어떤 기대는 나의 노력과 관심, 시간이 필요하지만, 어떤 기대는 복불복인 경우도 있다. 그래서 어떤 기대는 노력 여하에 상관없이 선물처럼 충족되기도 한다. 하늘의 뜻에 따라 주어지는 것들에 대한 기대야 충족된다면 두말 나위 없이 반갑고 기쁘겠지만, 이루어지지 않는다고 해서 크게 상처받을 것도, 낙담할 것도 아니니 괜찮다. 하지만 나의 노력이 투입됨으로써 시작된 기대는 이야기가 달라진다. 적어도 애정을 쏟아부은 것이라면 잘 되기를, 내가 원하는 수준대로는 이뤄지기를 바라는 것이 당연한 일 아니던가.

무엇인가를 기대한다는 것은 과학적이지 않고 요행을 바라는 미신의 영역 같지만, 노력과 시간이 들어간 기대는 인과관계가 있고, 확률이 조금 더 높은 영역이라고, 나는 생각한다. 적어도 나는 알고 있으니까. 기대할 자격을 갖추기 위해 그동안 내가 쏟은 노력과 그 과정의 느낌에 대해.

운동선수가 매일 운동을 하듯, 살을 빼기 위해 매일 식단을 조절하는 것 같은 꾸준하고 고통(?)스러운 과정을 동반한 노력, 이런 노력이 있어야 기대도 이루어지는 것으로 화답할 확률이 높아지지 않던가.

'기대'하는 것. 그것은 0%에서 만들어내는 100%가 아닌, 80% 이상의 노력을 쏟아부어 80% 이상을 얻으려는 과정인 것이다(운이 좋으면 100%, 200%를 얻을 수도 있겠지만). "기대하지 마. 그러면 상처받아." 이런 말은 무언가를 기대하는 것이 두려운 마음을 대변한다. 최선의 노력을 다했다고 생각했음에도 결과물이 기대에 미치지 못했거나 분명히 느낌이 좋았는데 결과는 정반대가 되었을 때. 이런 실망스러운 과정을 몇 번 겪는 동안, 괜한 기대를 했다가 상처받는 내가 바보처럼 느껴져서 애초에 기대 자체를 하지 않는 것이 좋은 것이 아닐까 하는 생각을 한 적이 있다. 기대 자체를 하지 않으면 80%의 노력을 쏟아부었음에도 30%의 결과가 주어졌을 때 마음의 충격을 덜 받게 될 테니까.

'결과는 안 좋을 수도 있으니 설레발치지 말자. 기대하지 않으면 돼. 되면 좋은 거고, 안되면 어쩔 수 없는 거고.' 이런 말들로 기대가 좌절되었을 때 받을 상처를 줄이고는 했었다.

그러다 보니 어느덧 기대라는 단어는 내게 금기어가 되어 있었다. Yes예스를 No노로 바꾸는 것보다, 노를 예스로 바꾸는 것이 심적으로 덜 부담스럽다는 이유로, 내심 좋은 결과를 물어오는 사람에게 '기대하지 마'라며 그들의 뜨거운 가슴에 찬물을 끼얹기도 했다.

'기대가 크면 실망이 큰 법이야.'

이런 말을 왕왕 듣는다. 잔뜩 들떠서 좋은 결과를 기대하는 사람들을 진정시키며 스스로 이렇게 말할 수 있는 자신이 객관적이고 냉정한, 상황판단을 잘하는 사람이라고 생각했겠지만,

이 말을 듣고 맥이 빠졌던 상대방보다 더 맥이 빠진 것은, 그렇게 말을 하는 나 자신이었을 것이다. 상처받지 않으려고, 실망하지 않으려고 일부러 시원시원한 척하며 마음속에 피워 올랐던 핑크빛 상상을 스스로 지워버리고 그 기분 좋은 순간마저 없애버렸으니까.

기대가 크면 실망도 크다고? 그래서 기대조차 하지 말라는 건가? 기대하지 않으려 노력한다고 내 마음이 그렇게 뜻대로 될까? 기대가 크면 실망이 크다고? 그럼 기대가 작으면 실망도 작으려나? 아니, 그렇지 않다. 상처받지 않기 위해 기대하지 않았지만, 그럼에도 다시 실망하고 상처받는 일은 반복되지 않았던가. 그렇다면 실망이라는 녀석은 기대가 커서 생기는 것보다 내가 쏟아부은 노력과 얻은 결과 사이의 괴리에서 비롯되는 것이 아닐까?

상처와 좌절감이 크게 다가오는 이유는 큰 기대를 가지게 되었을 정도로 내가 공을 들였기 때문이거나 혹은 그만한 노력을 하지 않았음에도 잘될 것이라는 기대감에 부풀려 있었기 때문이 아니었을까. 이를 뻔히 알고 있으면서도 뜻대로 되지 않은 속상한 상황에 대한 탓을 나의 부족이나 따르지 않은 운 때문이 아니라 기대 때문이라고 돌리고 있었던 것은 아니었을까?

기대가 크면 실망이 크다지만, 무엇인가를 기대하고 있는 그 순간은 여전히 즐겁고 행복하다. 기대하는 그 순간, 무한대로 뿜어져 나오는 긍정의 에너지와 행복한 상상력은 지금 한 발짝을 더 움직이게 하는 원동력이자 비전이 되기도 한다. 그러니 기대가 커서 더 즐겁고 행복할 수 있다면 기꺼이 기대하고 즐겨보는 것은 어떨까.

기대하고 싶으면 기대하고, 설레발치고 싶으면 실컷 설레발 치자. 기대할 수 있는 것은 노력한 자들이 누리는 특권이고, 혈관이 확장되고 심장이 간지러운 느낌을 즐길 수 있는 것도 기대를 할 수 있는 그 순간뿐이니까.

"마음껏 노력하고, 마음껏 기대하세요.
충분히 노력한 나를 격려하고 추어올려 주세요.
그 순간의 희열이 오늘과 내일의 원동력이 될 거니까요."

머뭇거리고 주저해도 괜찮아

얇게 프린트된 검은 선을 따라 서걱서걱 날이 선 칼날을 움직였다. 본래 한 덩어리였던 갈색 종이에서 발을 핥고 있는 고양이 한 마리가 떨어져 나오고 꽃잎이 한 잎 두 잎 피어났다.

칼날이 움직일 때마다, 선과 선이 만나는 교차점에서 나는 머뭇거리며 조심스러워했다. 베어도 그만, 잘려도 그만인 종이 한 장이 아쉬워 1mm씩 전진하고 라인을 타 넘지 않기 위해 느리게 손을 움직였다. 손바닥에 땀이 차서 자꾸만 미끄러지는 커팅용 칼을 다시 쥐어 잡으며 생각했다.

'아니, 이래도 그만, 저래도 그만인 종이 한 장 가지고 왜 이렇게 호들갑이야?'

그런데 아니었다. 거기에는 고양이가 있었고, 펭귄이 있었고,

꽃이 있었고, 창문이 있었다. 내게 찾아온 오직 너, 단 하나의 존재였다. 그래서 더욱 전전긍긍했는지도 모르겠다.

오직 단 하나뿐인 게 어디 이것뿐일까. 단 한 명뿐인 나라는 존재로 태어나, 지금뿐인 오늘을 살아가며, 세상에 둘도 없는 너라는 사람을 알아가고, 지금 가장 하고 싶은 유일한 일을 하며 오직 지금뿐인 시간을 보낸다. 단 하나뿐이기에 사랑한 건 아니지만, 단 하나뿐이기에 소중한 것은 맞았다. 그리고 '소중하다, 소중하다' 하다 보니 어느덧 사랑하게 됐다.

지금 보내는 시간은, 삶은, 하나뿐인 소중한 것이라는데, 그런 오늘을 살고 있다는 것은 어떻게 알 수 있을까. 오늘을 알아차릴 방법은 많지만, 알아차릴 대상은 단 하나뿐이기에 그래서 인생이 더 전전긍긍해지는지도 모른다. 이 삶을 어떻게 살아야 할까. 하나뿐인 인생이기에, 틀렸다고 다시 뒤로 돌릴 수 있는 것도 아니기에 더 조바심을 내고 더 걱정하고 더 잘하기 위해 애쓴다. 어떻게 해야 더 나은지, 어떤 선택이 더 최선인지 고민하며 시간을 보낸다.

"갈팡질팡하며 의심할 시간에 그냥 부딪혀 보는 게 어때? 어차피 한 번 사는 인생인데 복잡하게 생각하지 마. 무엇을 선택하든 그것이 최선일 것이라고 믿어."

삶을 어떻게 살아야 할지 고민이라며 시무룩해 있던 너에게 마치 답은 정해져 있다는 양 잘난 체를 했었더랬다. 영원한 진리도, 불멸의 참된 정답도 없을 것이라는 가능성을 잠시 닫아두고, 인생을 살아갈 방법마저 하나일 것이라고 착각에 빠진 채, 그렇게 매정하게 딱 잘라 말했다. 한 번 사는 인생이기에 '어차피' 모드가 발동되기 어렵다는 그 마음을 몰라준 채. 이런 걸 위로이자 조언이랍시고 말이다.

나아가길 주저하는 사람을 보면 답답했다. 당신이 생각하는 것처럼 세상이 무섭지 않다고, 마음껏 하고 싶은 걸 하면서 살라고, 주저하고 걱정하며 아무것도 안 하고 있기엔 우리의 시간이 너무 짧다고. 때로는 실패를 경험하는 것이 아무것도 하지 않는 것보다 100배는 더 낫다고. 이렇게 말하며 내 삶이든, 당신의 삶이든 제대로 사는 것이 더 의미 있는 것이라고 깨닫게 해주고 싶었다. 당신이 마음의 짐을 그만 내려놓고, 더 행복한 하루를 살길 바랐다.

"새는 알을 깨기 위해 투쟁한대. 알을 깨고 나와, 친구야. 네 세상은 좁은 알 속이 아니라, 알을 품어주는 이 넓은 세상이니까."

하지만, 알을 깨고 나오지 못해 거기서 멈춘 생명이 있음을, 껍데기를 벗어내지 못해 더 크지 못하고 멈춘 생명이 있음을, 극복하기 어려운 문제들도 있음을, 알아도 뜻대로 되지 않는 두려움도 있음을 알게 됐다. 마지막 힘을 내어 부리로 알을 쪼고, 여린 발톱을 세워 알을 밀고 긁어도 단단한 알은 깨지지 않을 것이라는 것을 이미 알고 있을 때. 그럴 때라면, 엉거주춤하고, 쭈뼛쭈뼛할 수밖에 없다는 것을 이제야 알았다.

1mm씩 칼날을 옮기고 나서야, 직선은 직선답게 곡선은 곡선답게 손을 움직여야 비소로 하나의 고양이도, 토끼도, 꽃송이도 탄생할 수 있다는 것을. 그렇게 내 손 안에 놓인 작은 작품을 보며 엉거주춤하고 쭈뼛거리는 당신의 발걸음도 분명 다른 길로, 그리고 지금보다 앞으로 걸어가고 있음을 깨달았다. 이제야 그걸 알게 되었으니 지금은 그런 당신을 지켜보고 응원할 뿐이다.

넘어져 아프면 조금 더 앉아 있어도 돼.
아직 두려우면 조금 더 숨을 내쉬어도 돼.
아직 그럴 마음이 없다면 조금 더 나를 돌아봐도 돼.
그리고 괜찮아지면 그때 움직이면 돼.

천천히, 조심스럽게 가는 길의 끝에 더 멋진 결과물이 기다리고 있을지도 모를 일이다. 어쩌면 누구보다 더 빠르고 그 어느 때보다 값진 결과물을 만나게 될지도 모를 일이다. 다른 이들보다 느려도, 조금씩 내디딘 그 발걸음이 나를 세상에 둘도 없는 멋진 곳으로 데리고 갈지도 모를 일이다. 삶은 내 속도대로, 네 속도대로 묵묵히, 조심스럽게 걸어가면 되는 것이었다.

힘내라고, 괜찮다고, 도전하라고 자꾸만 너를 재촉했던 그날, 그때의 내 말을 바로 잡으며, 네게 하지 못했던 또 다른 말을 건네본다.

"가끔은 뒤도 돌아보고,

조금 머뭇거려도 보고,

살짝 주저해봐도 괜찮습니다."

인생의 시소

학교 수업을 마치면 친구들과 놀이터에서 노는 것이 일과 중 하나였던 내가 좋아했던 놀이기구는 바로 시소였다. 친구와 양쪽 끝에 마주 보고 앉아 돌아가면서 발을 구르면 한 명이 '슝'하고 위로 올라갔다 내려온다. 그러면 아래에 있던 맞은편 친구가 하늘로 '슝'하고 올라간다. 서로를 가장 높이 올려주기 위해 있는 힘껏 힘을 주어 반동의 힘을 크게 만드는 것이 그 당시 친구 간 암묵적인 규칙이었다.

시소를 탈 때 기본 조건이 하나 있다. 바로 양쪽에 앉은 사람의 몸무게가 균형 범위 내에 있어야 한다는 것이다. 두 사람 몸무게의 차이가 크면 시소는 오르락내리락하지 않기 때문이다. 대신 균형이 맞으면 즐겁게 시소를 탈 수 있다.

우연히 놀이터 옆을 지나다가 옛 추억에 이끌려 시소에 앉았다. 조용한 놀이터, 혼자 앉은 시소. 시소는 내가 앉은 쪽은 땅으로 푹 꺼지고 반대편은 하늘을 향해 솟아 있었다. 아무리 발을 굴러도 다시 땅으로 내려오는 것이야 해가 동쪽에서 뜨는 것처럼 당연한 것이었으니, 땅에 달라붙은 듯 내려앉아 움직이지 않는 시소에 나도 가만히 앉아 있었다.

'그래, 움직일 리 없지, 균형이 안 맞잖아, 균형이.'

어쩌면 움직이지 않은 시소처럼 내 삶에 일시정지 버튼이 눌러졌을 때도 그랬을 것이다. 회사를 다닐 때 나는 밀려드는 일의 홍수 속에서 일에 치여 살았다. 그때 나는 새벽 4시에 일어나 오후 8시 무렵 퇴근 시간까지 일에 매진했다. 주말에도 출근했고, 새벽 2시까지 일을 한 적도 다반사였다. 열심히 일하는 것의 좋은 점은 연봉이 오르는 것이었다. 그러나 아이러니하게도 매년 연봉이 오른다고 내 삶의 만족도가 오르지는 않았다. 연차가 쌓이고 연봉이 오를수록 업무 부담도 함께 늘었고, 그 일을 해결하기 위해 투입해야 하는 시간도 늘어났다.

그러나 사람이 돈과 일로 인해 얻는 성취감으로만 살 수는 없지 않은가. 때로는 여행도 다니고, 맛있는 것도 먹고, 책도 읽고, 영화도 보고, 좋아하는 사람들과 수다도 떨고, 자기 계발의 시간도 가져야 한다. 이것을 간과한 채 대부분의 시간을 일하는 데에 써온 나는 결국 번 아웃에 빠졌다. 일하고 싶다는 생각이 들지 않았고, 과로로 인해 몸도 망가진 상태였다. 입사 이래 최초로 멈춤 버튼이 눌러진 순간이었다. 아픈 몸을 이끌고 병원에 가 치료를 받으며 나는 생각했다.

'이렇게 살지 말자. 내 인생의 균형을 찾아야 한다!'

모든 것에는 균형점이 있다. 하늘로 치솟아 서 있는 건물에도, 길가에 뿌리 내린 나무에도, 내가 테이블 위에 올려놓은 커피잔에도 균형점이 있어서 그것들은 쓰러지지 않고 서 있을 수 있다. 바꿔 말하면 균형이 깨지면, 어느 것도 제대로 서 있을 수 없다는 뜻이다.

인생도 마찬가지가 아니던가. 일과 일상, 나와 대인관계, 현실과 미래, 꿈과 이상, 그리고 몸과 마음 등. 어느 쪽으로든 치우침이 없이 골고루 잘 유지되어야 한다. 어쩌다 보니, 형편상 한두 개쯤은 살짝 내려놓더라도 이것만큼은 지켜야 할 것들이 있다면 잘 관리해서 균형을 유지해야 한다. 삶의 다양한 요소들의 균형이 맞지 않으면 시소를 탈 수 없고, 결국에는 균형점을 잃은 것처럼 와르르 무너져 내리고 만다.

한때 번아웃이 찾아와 괴로웠을 때, 자존감이 떨어져서 우울했을 때, 나는 일이라는, 그리고 미래의 행복이라는 것에만 몰입하며 앞만 보고 달렸다. 일과 미래를 위해 노력하면 다 괜찮을 거라고 생각했고, 그것이 다른 어떤 것들보다 중요하니까 균형은 맞지 않아도 된다고 생각했다. 그러나 그로 인한 타격은 전혀 가볍지 않았다. 대인관계가 소홀해지고, 건강이 악화되고, 현재가 불행해지고 있음을 알게 된 것이다. 인생의 다양한 요소들이 삐걱거리고 있음을 드디어 알게 되었을 때, 결국 나는 멈춰 섰고, 그제야 이렇게 사는 것은 내가 그토록 바랐던 미래의 행복과도 멀어지는 것임을 깨달았다. 삶을 더 풍요롭게 살기 위해서는 그렇기 때문에 균형이 필요한 것이다.

일을 하면서도 내 몸과 마음을 돌볼 수 있는 시간을 가져야 하고, 남을 위하면서도 그만큼 나를 이해하고 사랑해야 하며, 꿈을 좇아가면서도 현실의 내가 괴롭지 않게, 현실의 행복을 포기하지 않으며 살아야 한다. 그래야 균형을 유지할 수 있고, 서로 상반된 것들을 시소 위에 올려놓았을 때, 내 인생의 시소가 즐겁게 움직일 수 있다.

우리는 각자의 인생의 시소에 무엇을 올려놓을 것인가. 물론 그 답은 사람마다 다를 것이다. 사람이 더 중요한 사람이 있고, 내가 더 중요한 사람이 있고, 돈이나 명예가 더 중요한 사람이 있는가 하면 건강이 최고라고 생각하는 사람도 있을 테니 말이다. 하지만 무엇을 당신 인생 시소 위에 올려놓든 그 균형을 잘 유지하며 살길 바란다. 그것이 내 인생의 시소를 즐겁게 오래오래 타는 방법이니까.

"자꾸 한쪽으로 치우치지 않고 중심을 잡는 삶.
그것이 오늘의 내가 해야 할 일입니다."

무거운 짐들이여, 이젠 안녕

　한 남자가 딸의 생일 케이크를 사들고 집으로 향한다. 차에 기름을 채우고 서비스로 생수 한 통을 받아들고, 아마도 행복해할 딸을 생각하며 즐거운 마음으로 집으로 향하는 길을 나섰을 것이다. 그런데 자동차가 터널을 지나는 순간 이상한 낌새가 느껴진다. 멀리부터 불이 꺼지더니 터널이 내려앉았다. 불행히도 남자는 붕괴된 터널에 영락없이 갇힌 신세가 되고 말았다. 남자는 딸의 생일을 축하하기 위해 마련한 케이크와 주유하고 받은 생수 한 통으로 버텨야 한다. 누군가가 자신을 구해줄 때까지.

　배우 하정우가 분한 영화 〈터널〉을 본 그 주 주말, 남편이 친구 결혼식에 참석한다며 장거리 외출을 했다. 그때 나는 영화의 내용을 떠올리며 혹시 모를 불상사에 대비하기 위해 생수와 초콜릿, 견과류, 보조배터리 등을 남편의 가방에 한가득 담아 보냈지만, 그날 저녁 집에 돌아온 남편의 가방에는 내가 싸준 것들이 고스란히 담겨 있었다. 그에겐 그다지 필요 없는 것들이었으니까.

인생 어느 지점에 찾아올지 모르는 사건 사고를 대비하기 위해 우리는 대비하는 일에 집중한다. 노년의 풍요로움을 위해 젊어서 부지런히 일하고, 언젠가 필요할 것이라고 생각해 지금 당장 필요하지 않은 것들을 버리지 못한다. 마치 겨울을 나기 위해 도토리를 모으는 다람쥐처럼 양 볼 가득 이것저것, 꾸역꾸역 집어넣는다. 그러나 다람쥐는 어느 순간 깨닫는다. 양 볼에 가득 담긴 땅콩의 절반을 덜어내지 않으면 원하는 곳으로 돌아갈 수 없음을.

한라산에 오르기 위해 필요한 짐 목록을 작성하다가 깜짝 놀란 적이 있다. 9시간의 등산을 위해 필요한 짐을 꾸리다 보니 30리터 등산용 가방 하나로는 턱없이 부족할 정도로 짐이 많았던 것이다. 등산용품부터 정상에서 먹을 간단한 끼니까지 챙겨가려면 그 무게 때문에 정상은커녕 대피소에 도착하기 전에 체력이 바닥날 것만 같았다.

결국 한라산을 가는 날, 초콜릿 몇 개와 생수, 김밥 한 줄을 챙겨 산에 올랐고, 정상에서 먹는 따뜻한 컵라면과 커피믹스가 없어도, 몸을 따뜻하게 보호해줄 경량 패딩 없어도 등산의 묘미를 제대로 느낄 수 있었다.

책《인생의 절반쯤 왔을 때 깨닫게 되는 것들》에서도 이와 비슷한 이야기를 만났다. 만일의 사태에 대비해 이것저것 챙기느라 무거워진 저자의 가방을 보고 누군가가 "이 모든 것이 당신을 행복하게 해줍니까?"라고 물었다. 그러면서 쓸지 안 쓸지 모르는 것들을 이것저것 챙겨가는 건 짐이 될 뿐이라고, 정말 필요한 것이 아니라면 내려놓고 가라고 덧붙인다.

우리가 덜어내야 할 것이 비단 가방만의 일은 아닐 것이다. 인생을 살아가면서 우리는 많은 짐을 짊어지고 산다. 그 무게에 허덕이면서도 어쩔 수 없이 짐을 추가하고, 겨우겨우 버티는 인생을 산다. 아무것도 가진 것 없이 세상에 왔으면서도 많은 것을 원한다. 물론 나 역시 마찬가지다. 시간이 흐를수록, 역할이 변할수록 짐은 오히려 늘어났고, 욕심은 채워지지 않았다. 그렇게 살 수 없다는 것을 알면서도 마치 모든 것이 다 준비된 도라에몽의 주머니가 달린 것처럼 이것저것 한가득 담아 짐을 지고 살았다. 그러나 내가 그토록 원했던 것들이 내 인생에서 정말 필요하고, 중요한 것들이었을까. 생각해보면 그렇지 않은 것들이 더 많았다.

내가 화려한 인생을 위해 추구하는 모든 것들, 그러니까 간단한 의식주를 해결하기 위한 정도가 아니라 식후에 먹어야 하는 버터 향 가득한 빵과 반짝반짝 빛나는 고급 액세서리 같은 것들이 있어야만 나는 행복한 것일까. 나를 통제하고 억압하는, 그래야 한다는 생각들과 행동 방식들 그리고 사회의 규범 아닌 규범들, 손에 꽉 쥐어진 많은 재산과 학력, 명예, 좋은 집. 이런 것들이 있어야만 나는 행복할까. 가만히 내게 질문을 던지며 대답했다.

'아니. 그렇지 않았을 거야. 그런데도 나는 그렇게 살았지.'

장거리 외출을 떠나는 남편에게 이것저것 싸서 들려 보낸 가방이 짐만 되었던 것처럼, 내가 이고 진 것이 내 인생의 짐이라면 과감히 내려놓을 줄 알아야 한다. 한라산 정상까지 오르기 위해 정말 필요한 것이 아니면 내려놓고 떠난 그날의 후련함을 느끼려면 혹시나 하는 미련을 내려놓고 무엇을 가지고 갈 것인지, 무엇을 버려야 할지 과감히 선택해야 한다. 인생에 필요한 것은 많고, 중요한 것도 많지만, 꼭 필요하지 않는 것도 많고, 그렇다고 꼭 내게 있어야 하는 것이 아닌 것도 많으니까 말이다.

앞으로 남은 내 인생의 길엔, 어느 것과 함께 할까. 무엇이 내 인생에 어울리는 것이고, 무엇이 진짜 필요한 것일까. 나는 무엇을 놓고 갈 것인가. 아니, 무엇을 들고 갈 것인가. 내 인생의 여정을 무엇과 함께 할 것인가. 아집과 편견 같은 나를 괴롭히는 생각들, 성공에 대한 강한 집착, 나를 힘들게 하는 어떤 존재, 아직 해소되지 않고 남아있는 마음의 찌꺼기 등등.

오늘은 그것들의 리스트를 적으며 정말 필요하지 않았던 것들을 조금씩 내다 버려야겠다. 그리고 내 마음을 정말 잘 알아주는 사람과 속 터놓고 대화를 나눠야겠다.

"꽉 주먹 쥔 손 안에 들어있는 것이 무엇인지 바라보세요.

그게 정말 필요한 것이 아니라면

이제 그만 손가락을 펴서 날려 보내주세요.

그것이 없어도 충분히 잘 살 수 있으니까요."

오늘도 행복한 하루 보내고 있나요

"행복하세요."

솔직히 고백하자면 언제부터인가 나는 끝인사를 전해야 하는 결정적이고 부담스러운 순간에 "오늘 하루도 행복하세요"라고 말하며 대화를 끝내야 하는 부담감을 애써 포장하고는 했다. 행복이 무엇인지 고민하지 않았고, 그들이 어떻게 보내는 것이 행복인지도 몰랐기에 '행복하라'는 내 말은 그다지 무게가 실리지 않았을지도 모르겠다. 그러나 나는 여전히 행복을 꿈꿨고, 주변 사람들이 행복하기를 바랐다.

나는 행복하지 않은 게 어떤 것인지 너무 잘 알고 있었다. 아니, 정확히 말하면 행복보다 불행의 무게가 더 큰 것이 어떤 것인지를 잘 알고 있었다. 그것은 뜬눈으로 밤을 새우는 일상이었고, 혼자 있을 때면 어김없이 찾아오는 눈물이었으며, 작은 가시에 찔려도 창에 찔린 듯 아픈 고통이었고, 자격지심의 모습이었으며, 분노의 모습이었다.

한때 눈 내린 하얀 배경과 그에 비해 부각되는 빨간 스웨터에 색깔을 맞춰 장갑을 낀 연예인이 "부자되세요"라고 한 뒤로 덕담의 자리를 살짝 내어주기는 했지만, '행복해'라는 말은 아직도 일상 덕담, 새해 덕담, 특별한 날 덕담 1위다. 나눌수록 마음이 따뜻해지고, 들을수록 입가에 미소를 짓게 만드는 행복하라는 말. 그저 우리에게 찾아왔다 어디론가 흘러가는 말들 중 하나일지 모르지만, 세상 어딘가에 당신의 행복을 기원하는 작은 마음이 있다는 것만으로, 행복을 바란다는 그 말을 듣는 1초라는 아주 짧은 순간만이라도 당신이 행복했으면 좋겠다.

그렇게 몇 번이나 행복을 바랐을까. 한 단어만 아는 앵무새처럼 똑같은 말을 반복하다 보니 거창하면서도 소소했던 바람은 어느덧 사라지고, 왠지 모르게 마음이 공허해져서 행복하라는 말을 가만히 읊조렸다. 자꾸 힘들다는데, 아프다는데, 삶이 재미가 없다는데, 그런 당신에게 행복하라는 말을 하는 게 맞는 걸까? 그래서 행복을 썼다 지우고, '오늘'이라는 한정의 의미를 붙였다가 다시 지워버리길 몇 차례.

무엇이 마음에 걸려 전송 버튼을 누르지 못하는지 자꾸 머뭇거리는 마음을 되돌아봤다. 행복을 바라는 내 마음은 맹세코 거짓이 아니었다. 그렇다면 무엇일까? 무엇이 행복하길 바라는 내 말문을 막아버린 것일까?

'행복.' 이 짧고 간결한 단어가 나에게는, 그리고 당신에게는 어떤 의미일까. 오늘 이 순간의 네가 전혀 행복하지 않은데, 나만 신나서 행복하라고 떠들어대는 것이 당신에게 좋은 일일까. 네게 더 필요하고, 더 중요한 다른 말이 있는 건 아닐까. 적확한 말을 너에게 해주고 싶어서 나는 망설이고 고민하고 있었다.

정의와 정의의 간극, 내 감정과 네 감정의 간극, 현실과 비현실적 공간의 간극이 상념을 만들어냈다. 나는 어느덧 그 간극 속에 갇혀 행복을 입 밖으로 꺼낼 수가 없었다.

내가 말하는 행복은 무엇이었을까? 나를 기분 좋게 만들고, 하지 않으면 불편함을 주는 그런 일을 하면서 일상에 만족감을 키우는 것, 기쁘고 즐거운 순간을 놓치지 않고 인식하는 것, 불안하고 화나는 온갖 감정이 내게 휘몰아쳐도 다시 중심을 찾는 것, 새가 나는 하늘을 멍하니 바라볼 수 있는 시간을 갖는 것, 그리고 목표하는 것을 향해 걸어가는 실천이었다. 그런데 이런 종류의 행복을 당신에게 강요할 수는 없다. 나와 당신의 행복이 달라서, '행복하세요'라는 짧은 문장에 저 긴 의미를 담아낼 수 없어서, 그냥 마음속으로 빌었다.

'행복하길. 당신만의 행복을 꼭 찾으시길.'

오늘이 불행하다 말하는 당신에게 바라는 것이 있다. 굳이 저 멀리 있는, 엄청난 노력을 해야 얻을 수 있는 행복이 아닌, 지금 당신의 주변에 있는, 그리고 눈을 돌리면 알아볼 수 있는 그런 행복부터 느껴보길. 행복을 느낄 수 있으면 느끼고, 느끼지 못한다면 거기서 멈추지 말고 나를 행복하게 만들어주는 것들을 통해 행복을 얻길 바란다. 누군가는 '행복은 얻는 것이 아니라 느끼는 것'이라고 했지만, 아직 행복이 낯설고 흔하지 않은 우리는 행복을 얻는 것부터 시작해보면 어떨. 내게 양심의 가책이 아닌 기쁨을 주는 일, 자꾸 생각나고 만족감을 주는 일. 그런 것들을 하면서 내 인생에 행복을 들이는 거다. 그렇게 조금씩 행복에 익숙해지고 나면 우연히 행복을 발견하는 일도, 행복을 느끼는 일도 가능할 것이다.

그리고 조금 더 바란다면, 나와 다른 행복이어도 좋으니 부디 당신의 행복을 꼭 찾길 바란다. 평소처럼 무심코 넘겨버리다가 어느 날 문득 행복하라는 말이 꽂혀, '행복이 뭘까? 어떻게 해야 행복한 삶일까' 고민하는 시간을 가져보길 바란다. 행복이 어렵게 느껴지고 멀리 느껴지는 것은 우리가 행복이라는 단어에 커다란 의미와 목적을 부여했기 때문이다. 행복은 거창할 필요도 없고, 손에 넣기 어려운 것일 필요도 없다. 그저 지금의 내가 바라는, 오늘의 내가 느낄 수 있는 행복이면 충분하다.

'행복.' 왜 꼭 행복이어야 할까. 오늘도 사랑하세요, 혹은 오늘도 즐겁게, 기쁘게, 행운이 가득하게, 건강하게, 배부르게, 열심히 보내세요 등등 행복을 대신할 말은 수도 없이 많지만, 왜 하필 '행복'이라는 말을 건네고 싶었을까. 어떤 말은 너무 크고 이상적이어서 그렇게 살자고 하기엔 나도, 당신도 너무 괴로울 것 같다. 어떤 말은 너무 일시적이어서 그것만을 추구하기엔 부족하고, 어떤 말은 내가 아무리 노력해도 얻을 수 없는 말이고, 어떤 말은 오늘 하루에 많은 지분을 내어주기엔 사소한 것이었다. 그런데 행복하라는 말은 달랐다. 행복은 적당히 이상적이면서 적당히 현실적이고, 그 효과가 제법 지속되고, 노력하면 얻을 수 있는 말이었다.

행복이어야 할 이유는 또 있다. 세상 어떤 것들이 차고 넘치게 있다고 해도 행복하지 않으면 인생의 의미가 확연히 반감된다. 그러나 행복은 마법과 같은 단어여서 뭐가 좀 적어도 행복하다면 모든 게 다 플러스 되고, 뭐가 좀 안 좋아도 행복하다면 좋은 면을 더 크게 만들어주는 힘이 있다. 그래서 나는 행복이라는 말을 선택했다. 다른 건 좀 어려워도 이 정도면, 행복 정도면 내가 어찌해 볼 수 있는 소중한 단어여서, 그래서 매일 행복을 빌었다. 그 반짝거리고 따뜻하고 미소 짓게 만드는 마법의 단어를 건네며 오늘도 마찬가지로 당신의 행복을 빈다.

"당신을 위해 준비한 마지막 말,

그러니 오늘도 행복하세요."

에필로그

당신을 살리는 말들과 함께하길

　세상이 나를 이야기하기 시작했다. 덕분에 나를 사랑하라, 나답게 살아라, 행복하라 같은 달콤하고 좋은 말들이 넘쳐난다. 말은 점점 더 풍요롭고 다채롭다. 그런데 왜 내 영혼은 말의 풍요 속에서도 점점 빈곤해졌던 것일까.

　좋은 말들은 내게 힘을 줬고, 달콤한 말들은 나를 다독거렸지만, 효과는 일시적이었다. 내 마음속에 이미 가득 차 있는 수많은 말들이 그런 말들을 담아둘 수 없게 만들었으니까. 그래서 좋은 말들이 많아도 내 것이 될 수 없었고, 좋은 말들을 해주는 사람이 많아도 진짜 나만을 위한 방법이 되지 못했다. 말을 뱉어놓고 나면 그만이고, 밖으로 나오는 순간 공기 중에 흩어진다. 좋은 말들을 온전히 받아들일 수가 없었다. 도대체 어떻게 사는 게 나를 있는 그대로 포용하는 것인지, 어떻게 살아야 행복하게 살 수 있는지 알 수가 없었다. 그래서 언제나 울림 없는 메아리처럼 들렸다.

우선 나에게 덕지덕지 붙어 있는 말의 딱지들을 떼어내야 했다. 나를 억누르고 부자연스럽게 만들고, 자존감을 떨어트리는, 그런 말들을 마음에서 빼내지 않으면 아무리 좋은 아름다운 말들도 공염불이 되고 말 테니까. 말의 딱지를 떼어내고, 나를 물들였던 말의 색채들을 지우고 나면, 타인의 말을 앵무새처럼 따라 하는 내가 아닌, 진짜 내 말을 하는 내가 될 것이고, 정말 나를 위하는 말을 받아들일 수도 있다.

당신은 결국 나였다. 말이 상처인지 모르고 받아들였다가 아파하는 것도 나였고, 아픈 말을 스스로에게 하고 있었던 것도 나였고, 그렇지만 다시 말로 괜찮아지고 힘을 내는 당신도 결국 나였다. 수많은 말의 가시를 뽑아내고 나를 부자연스럽게 옭아맸던 말의 매듭을 풀어내었을 때, 가장 자유로워지고 가장 나다워지고 가장 괜찮아진 것도 결국 나였다.

오늘은 어떤 말을 받아들이고, 어떤 말을 하고, 어떤 생각을 하며 살았을까. 나는 어떤 대화를 가장 많이 나눴고, 어떤 말을 가장 많이 들었을까. 그리고 무엇보다 중요한 것. 오늘 나에게, 그리고 타인에게 가장 많이 한 말은 무엇일까. 오늘 가장 많이 한 생각은 무엇일까.

하루를 마무리하는 시간, 내게 찾아온 말들과 내가 스스로에게 던진 말들을 돌아보길 바란다. 하루를 시작하는 시간이라면 어떤 말을 가득 담으며 살 것인지 생각해보길 바란다. 내가 앞으로 더욱 행복할지 어떨지가 궁금하다면 지금 내 마음속에 가득 담긴 말들을 꺼내어 보면 된다. 지금 나를 둘러싼 말과 생각이 오늘의 나를 만들고, 오늘의 나는 내일의 내가 되고, 내일의 내가 사는 모습은 먼 미래에 내가 살고 있을 모습일 테니까.

다시 시작이다. 새로운 시작은 나를 살리는 말들과 함께하길.

나와 사람을 사랑하는 말들, 더 밝고 좋은 곳으로 이끄는 말들, 삶에 가득한 축복을 알아차리게 하는 말들, 어둠 속에서도 빛을 볼 수 있게 하는 말들. 나답게 만들고, 진정으로 자유롭게 만들어주는 말들. 그런 말들을 마음속에 가득 채우며 살길 바란다. 그래서 흔들리지 않은 단단함으로, 찔러도 상처 입지 않는 유연함으로, 작은 먹물 한 방울에 흐려지지 않는 넉넉함으로 마음을 무장하길 바란다.

그리고 끝을 닫는 마지막 바람. 그런 마음과 함께하며 오늘의 축복을 온전히 누리는 우리가 되길.

같은 말이라도 마음 다치지 않게

초판 1쇄 인쇄 2022년 11월 15일
초판 1쇄 발행 2022년 11월 22일

지은이 | 임경미
펴낸이 | 임종관
펴낸곳 | 미래북
편 집 | 정광희
디자인 | 여름날디자인
등록 | 제302-2003-000026호
본사 | 서울특별시 용산구 효창원로 64길 43-6 (효창동 4층)
영업부 | 경기도 고양시 덕양구 삼원로73 고양원홍 한일 윈스타 1405호
전화 | 031)964-1227(대) **팩스** | 031)964-1228
이메일 | miraebook@hotmail.com

ISBN 979-11-92073-16-3 (03320)

값은 표지 뒷면에 표기되어 있습니다.
잘못된 책은 구입하신 서점에서 바꾸어 드립니다.